U0111699

大展好書　好書大展
品嘗好書　冠群可期

武術特輯
92

中國功夫操

莊昔聰　編著

大展出版社有限公司

作 者 簡 介

　　莊昔聰先生，1982 年 2 月畢業於福建師大體育系並留校工作，現任華僑大學體育部副教授、國家級武術裁判、福建省高校武協競賽部部長、福建省武協常務理事、泉州市武協副主席。

　　1989 年 3 月協同父親莊子深創辦了鯉城首家武術館——泉州劍影武術館，並擔任副館長和總教練。

　　1994 年 7 月創辦泉州首家文武學校——泉州劍影武術學校，任校長兼劍影武術館館長。學校在 1996 年榮獲首批「全國先進武術館（校）」稱號，1997 年獲「福建省先進武術館（校）」稱號，所教學生在全國性以及省級武術比賽中多次獲得團體冠軍，一百多人次獲得個人冠軍。

目 錄

第 一 套

第 二 套

一、基礎操 …………………………………… 156

在中華大地上綿延數千年的武術，不僅是一項極具民族特色的傳統體育項目，更是一項寶貴的民族文化遺產。千百年來，我國人民透過武術鍛鍊練就了強健的體魄和自衛防身的本領，同時使生命的質量得到提高和延長。

作爲寶貴的民族文化遺產，武術在長期的發展中浸透著濃厚的民族傳統文化，融會了古代哲學、兵法學、倫理學、訪生學、養生學等傳統文化思想和觀念，可謂博大精深。作爲民族傳統體育項目，武術包含著極其豐富的內容。包括以健身、養生和防身爲目的的各種功法運動；以舞練形式的各種拳術、器械和對練的套路運動；以散手、短兵等實戰對抗的競技運動。鍛鍊形式多種多樣，有徒手練習、單人練習、雙人練習、集體練習等。練習時，或雄健威猛、發拳生風；或柔緩連圓、綿裡藏針；或剛柔相濟、動靜相間；或吞吐浮沉、閃展騰挪。不同性別、不同年齡的人都能在武術運動中選擇適合自己的項目進行很好的鍛鍊。

國人自古崇文尚武，而武術猶重武德。以「尚武崇德」作爲武術教育的基本原則。「尚武」可以錘煉人的骨架和骨氣，培養人的堅強意志和自強不息的精神；而「崇德」教育，則可以培養「厚德載物」的不凡氣度，

從而繼承和發揚優秀的民族傳統精神。同時武術強調對人整體的鍛鍊和培養，注重內外兼修、形神兼備，從而使人內壯外強、全面發展。

《中國功夫操》是「泉州劍影武術學校」的老師們，在校長莊昔聰副教授的帶領下，經過長期的教學實踐和摸索，總結、創編出以武術為特色，內容豐富，結構新穎，適合於青少年學生鍛鍊的綜合運動健身操。

《中國功夫操》是以中國武術的基本功與基本技術為主要內容，採用廣播操的形式，配有音樂與口令。它具有運動操的動作左右對稱、簡捷明快、易學易練的特點。其具體內容有手型、手法、步型、步法、身法、腿法以及長拳、南拳、太極拳和散手等多種技術技法。因此，練習時動作整齊雄壯、剛猛飄逸、動靜虛實、疾徐有度，不僅可以展示出矯健敏捷的身手、舒展挺拔的身姿，而且還可以體現出威武雄壯的氣勢以及舒緩柔美、柔中寓剛的獨特風格。

另外，此操還根據各部分的內容和不同的運動特點精心配製了優美和諧的音樂，使整套操剛柔相濟，快慢相間，抑揚頓挫，極富特色。既可以陶冶情操、振奮精神、調理氣息，又可以控制操的節奏、增強操的動感和美感，讓觀賞者和練習者都能感受到中國傳統武術特有的形的飄逸、力的風采、健的英姿、神的韻味，以及武術文化那跳動的脈搏。

《中國功夫操》遵循由簡到繁，由淺入深，運動量由小到大，難度由低到高的循序漸進的運動規律進行編

排。共有基礎操、功架操、散手操和功法操四個部分，每一部分都有一個核心內容，相互之間又能巧妙銜接。整套動作既可完整練習又可選段練習，易學易練易記，老少皆宜，因而具有廣泛的適用性。

泉州劍影武術學校爲全面落實素質教育，貫徹以人爲本、健康第一的教育理念，注重學生德、智、體、美、勞的全面發展，以武術爲特色，培養學生優秀的民族傳統精神，使武術成爲校園中最爲生動活潑的群體活動之一。《中國功夫操》作爲該校的校本教材，試行推廣兩年多，受到廣大師生的喜愛和歡迎，收到顯著的效果。

進入 21 世紀，傳統武術需要大力改革與發展，需要與時俱進，開拓創新，才能適應形勢的發展和時代的要求。《中國功夫操》的創編，無疑是傳統武術教學改革創新的一個成功範例。

我們期望，《中國功夫操》不僅在劍影武術學校，而且能在全國各個學校進行推廣，使更多的學生受益。願中華武術這一民族傳統文化的奇葩能在校園中植根成長、開花結果，爲構建社會主義和諧社會、造福人類作出更大的貢獻！

教育部直屬綜合大學體協理事長
廈門大學體育教學部主任

前　言

　　中國武術是中華民族傳統文化的一個重要組成部分，是中華民族傳統文化一個綜合的載體。無論是中國傳統哲學思想、政治軍事思想、宗教思想、道德倫理觀念等等，乃至醫學、美學、諸子百家學說都可以在武學中找到它鮮活的印證。

　　取其精華，棄其糟粕，用科學的態度去繼承和弘揚中華武術，對振奮民族精神，培養愛國主義思想，塑造健康的體魄，健康的人格，健康的心理素質，有著十分深遠的社會意義。

　　《中國功夫操》是以中國武術的基本功法與基本技法爲主要內容，採用廣播操的形式，配有音樂與口令的一種綜合型的運動操。

　　它不僅具有運動操的動作左右對稱、方向相反、易學易練易記的普遍特點，而且其內容豐富多彩，涉及了長拳、南拳、太極拳、武術健身功法和散手等多種武術層面。同時，還根據各部分的內容和不同的運動特點選配音樂，時而如列隊行軍、井然有序、節奏明快，時而如駿馬奔騰、鏗鏘有力、渾厚雄壯，時而如高山流水、蜿蜒流暢、沁人心智。

　　音樂和動作的協調配合，既可以陶冶情操、振奮精神、調理氣息，又可以控制操的節奏，增強操的動感和

美感，讓練習者和觀賞者都能感受到中國傳統武術文化那跳動的脈搏，因而它是一項頗具健身、防身、修身和養身等功效的健康活潑的運動。

《中國功夫操》遵循由簡到繁，由淺入深，運動量由小到大，難度由低到高的循序漸進的運動規律進行編排。共有基礎操、功架操、散手操和功法操四個部分，每一部分都有一個核心內容，相互之間又有關聯承接。

《中國功夫操》的活動範圍不大，不受場地的限制，動作簡練易學，老少皆宜，既可整套演練，又可選段練習，因而具有廣泛的適用性。

基礎操把武術的基本手型、手法以及柔韌練習串編在一起，使全身各主要關節都能得到一定量的活動，達到提神暢氣、舒筋活絡的功效，並爲下一部分幅度較大、節奏較快的功架操做好準備，避免激烈運動帶來的不適和運動損傷。

功架操以武術套路的基礎運動方法爲主，把長拳、南拳的基本手型、手法、步型、步法以及常見的腿法和平衡動作編入其中，並注重體現武術傳統的技擊特性，使之動作緊湊、攻防意識清晰、功架舒展樸實，具有防身的實用性和審美的觀賞性。

散手操選用武術散手的幾個基本拳法、步法、腿法相結合的組合動作，突出了武術散手濃烈的競技特點和靈巧的攻防意識，使練習者既能初步掌握散手的基本技術，又能提高心理素質，達到自強自信、勇敢無畏、沉著冷靜的思想境界。

功法操綜合了太極拳和南少林拳術五行相生氣功的運動方法和功法理念。太極拳如行雲流水、連綿不斷的運動特點以及南少林拳術五行相生氣功的深吸長納、合理調節氣息的吐納之功，都可以使前三部分的運動量得到調整，使心態趨於平和、氣息得以順暢均勻、肌理得以鬆緩舒適，達到良好的調理作用。

為落實全面素質教育，貫徹以人為本的教育理念，讓武術走進校園，成為校園的群體活動之一，就許多方面而言，武術的教育效果將是其他學科所不能達到的。

《中國功夫操》就是在這方面進行的一種嘗試，我們把它作為校本教材試行推廣，幾年來收到顯著的效果。《中國功夫操》不僅增強了廣大師生的體質，養成了堅持運動鍛鍊的良好習慣，而且使練習者在較短的時間內就能初步領略武術的基礎運動、套路運動、散手運動等不同的運動形式，從而提高了練習者對中華武術、中國傳統文化的興趣和熱愛。

編纂《中國功夫操》，期望能達到拋磚引玉的效果，同時我們也期望得到社會的廣泛支持，並期待著武術這一中華民族傳統文化的奇葩能在校園中植根成長、開花結果，為構建社會主義和諧社會、造福人類作出更大的貢獻！

附註：《中國功夫操》第一套和第二套的內容、時間和運動頁荷是相對晨練而設計的，但也可分段練習作為準備活動或課間活動的內容。此外，我們還將陸續推

出適合於幼稚園及小學低年級學生進行練習的武術徒手操、器械操和成語武術操。

此書由華僑大學施子清教師學術著作出版基金資助

圖1　　　　　　　　　　圖2

　　抱拳禮介紹：併步站立（圖1），左掌右拳在胸前相抱（左指根線與右拳棱相齊），高與胸齊，拳、掌與胸間距離為 20～30 公分（圖2）。

　　圖解說明：為了表述清楚，圖像和文字對動作作了分解說明。在文字說明中，凡有「同時」兩字的不論先寫或後寫身體的某一部分動作，都要求一齊活動，不要分先後去做；動作的方向是以人體的前後左右為依據，不論怎樣轉變，總是以面對的方向為前，背向的方向為後，身體左側為左，身體右側為右。圖上的線條是說明這一動作到下一動作經過的路線和部位，左手左腳為虛線（┄┄►），右手右腳為實線（───►）。個別動作的角度、方向等因受平面圖形的限制，可能不夠

圖 1-1-1　　　　　圖 1-1-2

詳盡，圖文不符的地方以文字為準。

(二)基礎操動作圖解

1. 併步站立（圖1-1-1）。

2. 預備勢：兩掌變拳，收抱於腰間，拳心朝上。
目視前方（圖1-1-2）。

第一節　　上肢運動

第一個8拍　手型變換

【1拍】：左腳側出成開立步。同時，兩拳向前平

圖 1-1-3

拳沖出，力達拳面，拳心朝下。目視前方（圖1-1-3）。

【2拍】：兩拳收至腰間，變掌經兩側向上畫弧至頭部上方抖腕亮掌，臂內旋，肘微屈，掌指相對，掌心朝上。抬頭仰視（圖1-1-4）。

圖 1-1-4

圖 1-1-5

【3拍】：兩掌同時向兩側下擺至平舉，扣腕成勾手，勾尖朝下。目視前方（圖1-1-5）。

【4拍】：收左腳向右腳併攏。同時，兩勾手變拳收至腰間，成併步抱拳，拳心朝上（圖1-1-6）。

圖 1-1-6

【5 拍】：
右腳側出成開立步。同時，兩拳向前平拳沖出，力達拳面，拳心朝下。目視前方（圖 1-1-7）。

圖 1-1-7

【6 拍】：
兩拳收至腰間，變掌經兩側向上畫弧至頭部上方抖腕亮掌，臂內旋，肘微屈，掌指相對，掌心朝上。抬頭仰視（圖 1-1-8）。

圖 1-1-8

圖 1-1-9

【7拍】：兩掌同時向兩側下擺至平舉，扣腕成勾手，勾尖朝下。目視前方（圖1-1-9）。

【8拍】：收右腳向左腳併攏。同時，兩勾手變拳收至腰間，成併步抱拳，拳心朝上（圖1-1-10）。

【要點】：沖拳握拳要緊，力達拳面；亮掌四指併攏，抖腕乾脆；勾手

圖 1-1-10

五指捏攏一處，腕關節快速用力回屈，力達指尖。

第二個 8 拍　手型變換

第二個 8 拍的動作與要點同第一個 8 拍。

第三個 8 拍　左右沖拳

【1 拍】：左腳側出成開立步，上體稍向右擰轉。同時，左拳向前平拳沖出，高與肩平，力達拳面。目視前方（圖 1-1-11）。

【2 拍】：上體稍向左擰轉。同時，左拳收抱於腰間；右拳向前平拳沖出，高與肩平，力達拳面。目視前方（圖 1-1-12）。

圖 1-1-11　　　　　　　圖 1-1-12

圖 1-1-13　　　　　　圖 1-1-14

【3拍】：右拳收抱於腰間；同時左拳向左側平拳沖出，高與肩平，力達拳面。目視左拳方向（圖1-1-13）。

【4拍】：收左腳向右腳併攏。同時，左臂彎曲，左拳收抱於腰間，拳心朝上，成預備勢（圖1-1-14）。

【5拍】：右腳側出成開立步，上體稍向左擰轉。同時，右拳向前平拳沖出，高與肩平，力達拳面。目視前方（圖1-1-15）。

【6拍】：上體稍向右擰轉。同時，右拳收抱於腰間；左拳向前平拳沖出，高與肩平，力達拳面。目視前方（圖1-1-16）。

圖 1-1-15

圖 1-1-16

【7 拍】：左拳收抱腰間；同時右拳向右側平拳沖出，高與肩平，力達拳面。目視右拳方向（圖1-1-17）。

圖 1-1-17

圖 1-1-18

【8 拍】：收右腳向左腳併攏。同時，右臂彎曲，右拳收抱於腰間，拳心朝上，成預備勢（圖1-1-18）。

【要點】：沖拳要擰腰、順肩、急旋前臂，做到勁力通透、力達拳面；回收抱拳也要協調配合，忌聳肩。

第四個8拍　左右沖拳

第四個8拍的動作與要點同第三個8拍。

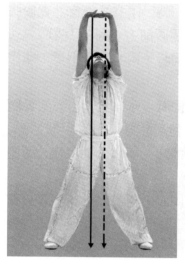
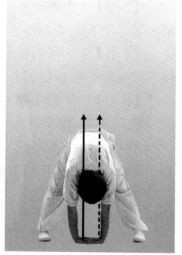

圖 1-1-19　　　　　　　圖 1-1-20

第二節　腰部運動

第一個 8 拍　俯腰前屈

【1 拍】：左腳側出成開立步。同時，兩拳變掌，經兩側上舉至頭上方成叉疊，掌心朝上，拇指朝前。抬頭，目視兩掌（圖 1-1-19）。

【2 拍】：上體前屈。同時，兩掌叉疊不變，隨體屈下按觸地（圖 1-1-20）。

　　【3拍】：上體抬起。同時，兩掌叉疊自然置於腹前，掌心朝下，拇指朝內。目視前方（圖1-1-21）。

　　【4拍】：上體前屈。同時，兩掌叉疊不變，隨體屈下按觸地（圖1-1-22）。

　　【5拍】：上體抬起。同時，兩掌叉疊自然置於腹前，掌心朝下，拇指朝內。目視前方（圖1-1-23）。

　　【6拍】：上體前屈。同時，兩掌叉疊不變，隨體屈下按觸地（圖1-1-24）。

　　【7拍】：上體抬起。同時，兩掌叉疊自然置於腹前，掌心朝下，拇指朝內。目視前方（圖1-1-25）。

圖1-1-21

圖1-1-22

圖 1-1-23

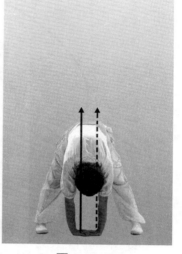

圖 1-1-24

圖 1-1-25

圖 1-1-26

【8拍】：收左腳向右腳併攏。同時，兩掌變拳收抱於腰側，還原成預備勢（圖1-1-26）。

第二個8拍　俯腰前屈

【1拍】：右腳側出成開立步。同時，兩拳變掌，經兩側上舉在頭上方叉疊，掌心朝上，拇指朝前。抬頭，目視兩掌（圖1-1-27）。

【2拍】：上體前屈。同時，兩掌不變，隨體屈下按觸地（圖1-1-28）。

【3拍】：上體抬起。同時，兩掌於腹前自然叉疊，掌心朝下，拇指朝內。目視前方（圖1-1-29）。

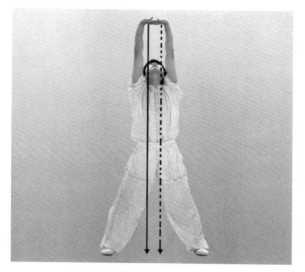

圖 1-1-27

圖 1-1-28

圖 1-1-29

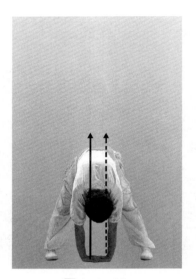

圖 1-1-30

【4拍】：上體前屈。同時，兩掌不變，隨體屈下按觸地（圖1-1-30）。

【5拍】：上體抬起。同時，兩掌於腹前自然叉疊，掌心朝下，拇指朝內。目視前方（圖1-1-31）。

【6拍】：上體前屈。同時，兩掌不變，隨體屈下按觸地（圖1-1-32）。

【7拍】：上體抬起。同時，兩掌於腹前自然叉疊，掌心朝下，拇指朝內。目視前方（圖1-1-33）。

【8拍】：收右腳向左腳併攏。同時，兩掌變拳收抱於腰側，還原成預備勢（圖1-1-34）。

【要點】：兩腿始終保持直立挺膝，上體前屈時不能弓背。

圖 1-1-31

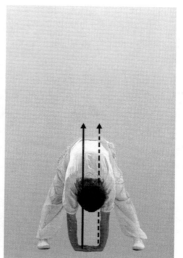

圖 1-1-32

圖 1-1-33

圖 1-1-34

圖 1-1-35　　　　　　　附圖 1-1-35

第三個 8 拍　後仰振臂

【1 拍】：左腳側出成開立步。同時，左拳變勾手，向後下擺舉，勾尖朝上；右拳變掌直臂向前、向上舉，掌心朝左，掌指朝上。

上動不停，上體後仰，膝微屈。同時，兩臂配合身體後屈向後振臂。頭左擺，目視左側（圖 1-1-35、附圖 1-1-35）。

【2 拍】：身體直起再向後屈，同時，兩臂再向後振臂一次。頭左擺，目視左側（圖 1-1-36、37）。

【3 拍】：身體直起再向後屈，同時，兩臂再向後振臂一次。頭左擺，目視左側（圖 1-1-38、39）。

圖 1-1-36

圖 1-1-37

圖 1-1-38

圖 1-1-39

圖 1-1-40

【4 拍】：身體直起，收左腳向右腳併攏。同時，兩手變拳收抱於腰間，成預備勢（圖1-1-40）。

【5 拍】：右腳側出成開立步。同時，右拳變勾手，向後下擺舉，勾尖朝上；左拳變掌直臂向前、向上舉，掌心朝右，掌指朝上。

上動不停，上體後仰，膝微屈。同時，兩臂配合身體後屈向後振臂。頭右擺，目視右側（圖1-1-41、附圖1-1-41）。

【6 拍】：身體直起再向後屈，同時，兩臂再向後振臂一次。頭右擺，目視右側（圖1-1-42、43）。

圖 1-1-41

附圖 1-1-41

圖 1-1-42

圖 1-1-43

圖 1-45

圖 1-1-44

【7拍】：身體直起再向後屈，同時，兩臂再向後振臂一次。頭右擺，目視右側（圖1-1-44、45）。

【8拍】：身體直起，收右腳向左腳併攏。同時，兩手變拳收抱於腰間，成預備勢（圖1-1-46）。

【要點】：向後振臂要配合身體後仰同時進

圖 1-1-46

行，胯要前項成背弓，兩臂後振要貼身直臂。

第四個 8 拍　後仰振臂

第四個 8 拍的動作與要點同第三個 8 拍。

第三節　壓腿運動

第一個 8 拍　左正壓腿

【1 拍】：右腿屈膝半蹲，左腳前伸，腳尖勾起，腳跟著地。同時，兩拳變掌叉腰。目視前方（圖1-1-47）。

【2 拍】：兩腳不變，上體前屈使胸腹貼近左腿。目視左腳尖（圖1-1-48）。

圖 1-1-47　　　　　　　圖 1-1-48

圖 1-1-49　　　　　　　圖 1-1-50

【3拍】：兩腳不變，上體抬起。目視前方（圖
1-1-49）。

【4拍】：兩腳不變，上體前屈使胸腹貼近左腳。
目視左腳尖（圖1-1-50）。

【5拍】：兩腳不變，上體抬起。目視前方（圖
1-1-51）。

【6拍】：兩腳不變，上體前屈使胸腹貼近左腳。
目視左腳尖（圖1-1-52）。

【7拍】：兩腳不變，上體抬起。目視前方（圖
1-1-53）。

【8拍】：收左腳向右腳併攏，兩掌變拳收抱於腰
間，還原成預備勢（圖1-1-54）。

圖 1-1-51

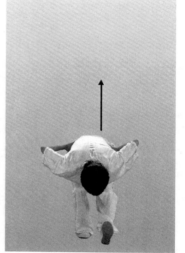

圖 1-1-52

圖 1-1-53

圖 1-1-54

圖 1-1-55　　　　　　圖 1-1-56

第二個 8 拍　右正壓腿

【1 拍】：左腿屈膝半蹲，右腳前伸，腳尖勾起，腳跟著地。同時，兩拳變掌叉腰。目視前方（圖 1-1-55）。

【2 拍】：兩腳不變，上體前屈使胸腹貼近右腿。目視右腳尖（圖 1-1-56）。

【3 拍】：兩腳不變，上體抬起。目視前方（圖 1-1-57）。

【4 拍】：兩腳不變，上體前屈使胸腹貼近右腿。目視右腳尖（圖 1-1-58）。

圖 1-1-57

圖 1-1-58

【5 拍】：兩腳不變，上體抬起。目視前方（圖 1-1-59）。

圖 1-1-59

圖 1-1-60　　　　　圖 1-1-61

　　【6拍】：兩腳不變，上體前屈使胸腹貼近右腿。目視右腳尖（圖 1-1-60）。

　　【7拍】：兩腳不變，上體抬起。目視前方（圖 1-1-61）。

　　【8拍】：收右腳向左腳併攏，兩腿直立。同時，兩掌變拳握抱於腰側，成預備勢（圖 1-1-62）。

　　【要點】：動作屈幅要大，挺胸立腰，前伸腿要挺膝，勾腳尖。上體前屈時力使前額觸及腳尖。

第三個8拍　左弓步壓腿

　　【1拍】：身體左轉，左腳隨體轉向左邁出一大步，腳尖朝前，屈膝半蹲；右腳腳跟提起，前腳掌蹬

圖 1-1-62

撐地面成左弓箭步。
同時，兩拳變掌叉
腰。目視前方（圖
1-1-63）。

圖 1-1-63

圖 1–1–64

【2拍】：身體
向下振壓，左腿配合
屈膝前頂，右腿膝蓋
保持微屈朝下（圖
1–1–64）。上動不
停，下壓至極限後還
原（圖1–1–65）。

圖 1–1–65

圖 1-1-66

【3 拍】：身體
向下振壓，左腿配合
屈膝前頂，右腿膝蓋
保持微屈朝下（圖
1-1-66）。上動不
停，下壓至極限後還
原（圖 1-1-67）。

圖 1-1-67

圖 1-1-68

【4拍】：身體
向下振壓，左腿配合
屈膝前頂，右腿膝蓋
保持微屈朝下（圖
1-1-68）。上動不
停，下壓至極限後還
原（圖1-1-69）。

圖 1-1-69

圖 1-1-70

【5拍】：身體
向下振壓，左腿配合
屈膝前頂，右腿膝蓋
保持微屈朝下（圖
1-1-70）。上動不
停，下壓至極限後還
原（圖1-1-71）。

圖 1-1-71

圖 1-1-72

【6 拍】：身體向下振壓，左腿配合屈膝前頂，右腿膝蓋保持微屈朝下（圖1-1-72）。上動不停，下壓至極限後還原（圖1-1-73）。

圖 1-1-73

圖 1-1-74

【7拍】：身體
向下振壓，左腿配合
屈膝前頂，右腿膝蓋
保持微屈朝下（圖
1-1-74）。上動不
停，下壓至極限後還
原（圖1-1-75）。

圖 1-1-75

圖 1-1-76   圖 1-1-77

【8拍】：身體右轉，收左腳向右腳併攏，兩腿直立。同時，兩掌變拳收抱於腰間，成預備勢（圖1-1-76）。

第四個8拍　右弓步壓腿

【1拍】：身體右轉，右腳隨體轉向右邁出一大步，腳尖朝前，屈膝半蹲；左腳跟提起，前腳掌蹬撐地面成右弓箭步。同時，兩拳變掌叉腰。目視前方（圖1-1-77）。

【2拍】：身體向下振壓，右腿配合屈膝前頂，左腿膝蓋保持微屈朝下（圖1-1-78）。上動不停，下壓至極限後還原（圖1-1-79）。

图 1-1-78

图 1-1-79

圖 1−1−80

【3拍】：身體
向下振壓，右腿配合
屈膝前頂，左腿膝蓋
保持微屈朝下（圖
1−1−80）。上動不
停，下壓至極限後還
原（圖1−1−81）。

圖 1−1−81

圖 1-1-82

【4 拍】：身體
向下振壓，右腿配合
屈膝前頂，左腿膝蓋
保持微屈朝下（圖
1-1-82）。上動不
停，下壓至極限後還
原（圖1-1-83）。

圖 1-1-83

圖 1-1-84

【5拍】：身體
向下振壓，右腿配合
屈膝前頂，左腿膝蓋
保持微屈朝下（圖
1-1-84）。上動不
停，下壓至極限後還
原（圖1-1-85）。

圖 1-1-86

圖 1-1-86

【6 拍】：身體向下振壓，右腿配合屈膝前頂，左腿膝蓋保持微屈朝下（圖1-1-86）。上動不停，下壓至極限後還原（圖1-1-87）。

圖 1-1-87

圖 1-1-88

【7拍】：身體
向下振壓，右腿配合
屈膝前頂，左腿膝蓋
保持微屈朝下（圖
1-1-88）。上動不
停，下壓至極限後還
原（圖1-1-89）。

圖 1-1-89

圖 1-1-90

【8 拍】：身體左轉，收右腳向左腳併攏，兩腿直立。同時，兩掌變拳收抱於腰間，成預備勢（圖 1-1-90）。

【要點】：身體向下振壓時要有彈性，上體保持挺胸、塌腰。

第四節　踢腿運動

第一個 8 拍　左右正踢

【1 拍】：左腳向前上步，重心前移；右腳前掌撐地，腳跟提起，成右後點步。同時，兩拳變掌向兩

圖 1–1–91

側立掌推出，掌心朝外，臂與肩平。目視前方（圖 1–1–91）。

【2拍】：兩掌不變，左腳支撐，右腳腳尖勾緊向前、向上擺踢。目視前方（圖 1–1–92）。

【3拍】：兩掌不變，右腳向起腳處回落成右後點步。目視前方（圖 1–1–93）。

图 1-1-92

图 1-1-93

圖 1-1-94

【4 拍】：收左腳向右腳併攏。同時，兩掌變拳收抱於腰間，還原成預備勢（圖 1-1-94）。

【5 拍】：右腳向前上步，重心前移；左腳前掌撐地，腳跟提起，成左後點步。同時，兩拳變掌向兩側立掌推出，掌心朝外，臂與肩平。目視前方（圖 1-1-95）。

【6 拍】：兩掌不變，右腳支撐，左腳腳尖勾緊向前、向上擺踢。目視前方（圖 1-1-96）。

圖 1-1-95

圖 1-1-96

【7拍】：兩掌不變，左腳向起腳處回落成左後點步。目視前方（圖1-1-97）。

圖1-1-97

【8拍】：收右腳向左腳併攏。同時，兩掌變拳收抱於腰間，還原成預備勢（圖1-1-98）。

【要點】：正踢時要保持身體正直，兩腿都不能屈膝，支撐腿腳跟不能離地，擺踢腿要勾腳尖。

圖1-1-98

圖 1-1-99

第二個 8 拍　左右正踢

第二個 8 拍的動作與要點同第一個 8 拍。

第三個 8 拍　左右側踢

【1 拍】：左腳經右腳前向右側蓋步，腳尖外展，身體稍左轉，重心前移；右腳前掌撐地，腳跟提起成叉步。同時，兩拳變掌向兩側立掌推出。目視右掌方向（圖 1-1-99）。

圖 1-1-100

【2拍】：左腳支撐，右腳腳尖勾緊經體側向頭部後側擺踢。同時，左掌經體側向上在頭上方亮掌，掌心朝上；右臂屈肘，右掌平擺置於左肩前，掌指朝上，掌心朝左。目視右前方（圖1-1-100）。

【3拍】：右腳向起腿處回落成叉步。同時，左掌向下、向左擺落，右掌向右側方推掌成側平舉。目視右掌方向（圖1-1-101）。

【4拍】：收左腳向右腳內側併攏。同時，兩掌變拳收抱於腰間，還原成預備勢（圖1-1-102）。

圖 1-1-101

圖 1-1-102

圖 1-1-103

【5拍】：右腳經左腳前向左側蓋步，腳尖外展，身體稍右轉，重心前移；左腳前掌撐地，腳跟提起成叉步。同時，兩拳變掌向兩側立掌推出。目視左掌方向（圖 1-1-103）。

【6拍】：右腳支撐，左腳腳尖勾緊經體側向頭部後側擺踢。同時，右掌經體側向上在頭上方亮掌，掌心朝上；左臂屈肘，左掌平擺置於右肩前，掌指朝上，掌心朝右。目視左前方（圖 1-1-104）。

【7拍】：左腳向起腿處回落成叉步。同時，右掌向下、向右擺落，左掌向左側方推掌成側平舉。目視左掌方向（圖 1-1-105）。

圖 1-1-104

圖 1-1-105

圖 1−1−106

【8 拍】：收右腳向左腳內側併攏。同時，兩掌變拳收抱於腰間，還原成預備勢（圖 1−1−106）。

【要點】：保持身體正直，兩腿都不能屈膝，支撐腿腳跟不能離地，擺踢腿要勾腳尖，開髖收腹。

第四個 8 拍　左右側踢

第四個 8 拍的動作與要點同第三個 8 拍，唯第四個 8 拍的第 8 拍還原成併步站立。

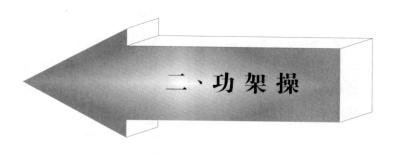

二、功架操

（一）功架操簡介

　　套路是武術運動的主要形式之一，也是武術文化承傳最主要的途徑之一，因而我們把「功架操」作為「功夫操」的主要組成部分。武術套路最講究的是一招一式的功力以及架式的準確和嚴謹，為此把這一部分命名為「功架操」。雖然它同「基礎操」部分一樣為四節，但內容豐富，節奏緊湊，因而它的運動量比「基礎操」有較大幅度的增加。

　　此外，為了保持部分組合動作的連貫性和攻防特性，以及充分體現武術勇猛快速的攻防意識，有的一個節拍就需要完成兩個關聯的動作。練習功架操有助於提高練習者的快速反應能力和身體各部位密切配合的協調能力。

　　中華武術博大精深，門派林立，各領風騷，在編排「功架操」的內容時，我們儘可能地做到多元性和統一性的結合。功架操共有四個小節，在擬定每小節

中心內容的同時對身法、眼法也提出了相應的要求。

　　第一節以長拳的基本步型、手型、手法的練習為主；第二節以進攻性和防守性的肘法為主；第三節以一般腿法和平衡動作為主；第四節以地方南拳和傳統技擊組合動作為主。

　　為使初學者易於學習掌握，編排動作時盡可能的避繁就簡，同時根據運動節奏的變化以及輕、重、快、緩、動、靜、起、落、站、立、轉、折的動作變換來進行配樂，使這部分的音樂富有變化、充滿激情。

(二)功架操動作圖解

預備勢：

　　1.併步站立成立正姿勢（圖1-2-1）。
　　2.兩掌變拳，向上抱於腰間，拳心朝上。目視前方（圖1-2-2）。

　　第一節

第一個8拍　左右劈擊

　　【1拍】：左腳側出成大開立步。同時，兩拳在腹前交叉，左手在外，拳心朝內（圖1-2-3）。

圖 1-2-1

圖 1-2-2

圖 1-2-3

圖 1-2-4

圖 1-2-5

上動不停，兩拳交叉經前上舉至頭上方，拳心朝前。目視兩拳（圖1-2-4）。

上動不停，兩腿屈膝下蹲成馬步。同時，兩拳向兩側立拳下劈，臂與肩同高，力達拳輪，拳眼朝上。頭左擺，目視左前方（圖1-2-5）。

【2拍】：身體左轉，兩腳隨轉體碾轉，右腿蹬直成左弓步。同時，右拳隨轉體經腰間向前平拳沖出，力達拳面，拳心朝下；左拳收抱於左腰側。目視前方（圖1-2-6）。

【3拍】：身體向右擰轉，兩腳隨轉體碾轉，兩腿屈蹲成馬步。同時，左拳向左側平拳沖出，高與肩平，力達拳面，拳心朝下；右拳收抱於右腰側，拳心朝上。目視左拳方向（圖1-2-7）。

圖 1-2-6

圖 1-2-7

圖 1-2-8　　　　　　　　圖 1-2-9

　　【4拍】：收左腳向右腳併攏，同時左拳收抱於腰間成預備勢（圖1-2-8）。

　　【5拍】：右腳側出成大開立步。同時，兩拳在腹前交叉，左手在外，拳心朝內（圖1-2-9）。

　　上動不停，兩拳交叉經前上舉至頭上方，拳心朝前。目視兩拳（圖1-2-10）。

　　上動不停，兩腿屈膝下蹲成馬步。同時，兩拳向兩側立拳下劈，臂與肩同高，力達拳輪，拳眼朝上。頭右擺，目視右前方（圖1-2-11）。

圖 1-2-10

圖 1-2-11

圖 1-2-12

【6拍】：身體右轉，兩腳隨轉體碾轉，左腿蹬直成右弓步。同時，左拳隨轉體經腰間向前平拳沖出，力達拳面，拳心朝下；右拳收抱於右腰側。目視前方（圖1-2-12）。

【7拍】：身體向左擰轉，兩腳隨轉體碾轉，兩腿屈蹲成馬步。同時，右拳向右側平拳沖出，高與肩平，力達拳面，拳心朝下；左拳收抱於左腰側，拳心朝上。目視右拳方向（圖1-2-13）。

【8拍】：收右腳向左腳併攏，同時右拳收抱於腰間成預備勢（圖1-2-14）。

圖 1–2–13　　　　　圖 1–2–14

【要點】：劈拳、擺頭、下蹲成馬步要同時完
成；馬步不宜過大或過小，大腿要接近水平；擰腰、
沖拳要與步型轉換協調完成，轉換步型時兩腳輾轉要
快速有力，重心不宜起伏。

第二個 8 拍　左右劈擊

第二個 8 拍的動作與要點同第一個 8 拍。

圖 1-2-15

第三個 8 拍　勒馬觀花

【1 拍】：左腿屈膝提起，腳面繃平，右腳支撐。同時，左拳經前上舉至頭部左上方，拳面朝上，拳心朝右；右拳變掌垂直下按。目視前方（圖 1-2-15）。

上動不停，左腳向右腳內側震腳，兩腿屈膝半蹲。同時，左拳向下砸拳，拳心斜朝上，力達拳背；右掌向前、向上擺起，掌心朝上，在腹前迎擊左拳。目視前方（圖 1-2-16）。

【1 拍】：左腿直立支撐；右腿屈膝提起，膝高過腰，腳面繃平。同時，左拳變掌與右掌同時經下向兩側上方挑掌，力達指尖，高與肩平，掌指朝上，掌

圖 1-2-16

圖 1-2-17

心朝外。目視前方（圖1-2-17）。

圖 1-2-18

【3拍】：右腳經左腳後向左後插步，腳跟提起，左腳腳尖外展，兩腿全蹲成歇步。同時，兩掌向下、向裡、向上在胸前交叉成十字手，左掌在內，掌指朝上，掌心向外。目視左前方（圖 1-2-18）。

【4拍】：身體直起，右腳向左腳併攏成併步。同時，兩掌變拳收抱於腰側成預備勢（圖 1-2-19）。

【5拍】：右腿屈膝提起，腳面繃平，左腳支撐。同時，右拳經前上舉至頭部右上方，拳面朝上，拳心朝左；左拳變掌垂直下按。目視前方（圖 1-2-20）。

上動不停，右腳向左腳內側震腳，兩腿屈膝半蹲。同時，右拳向下砸拳，拳心斜朝上，力達拳背；左掌向前、向上擺起，掌心朝上，在腹前迎擊右拳。目視前方（圖 1-2-21）。

圖 1-2-19

圖 1-2-20

圖 1-2-21

圖 1-2-22

【6拍】：右腿直立支撐，左腿屈膝提起，膝高
過腰，腳面繃平。同時，右拳變掌與左掌同時經下向
兩側上方挑掌，力達指尖，高與肩平，掌指朝上，掌
心朝外。目視前方（圖1-2-22）。

【7拍】：左腳經右腳後向右後插步，腳跟提起，
右腳尖外展，兩腿全蹲成歇步。同時，兩掌向下、向
裡、向上在胸前交叉成十字手，左掌在外，掌指朝
上，掌心向外。目視右前方（圖1-2-23）。

【8拍】：身體直起，左腳向右腳併攏成併步。
同時，兩掌變拳收抱於腰側成預備勢（圖1-2-24）。

【要點】：提膝時，支撐腿直立，提膝腿腳面繃

圖 1-2-23　　　　　　圖 1-2-24

平、內收；震腳併步砸拳乾脆響亮；歇步大小腿要緊
貼全蹲，前腳尖外展蹬撐有力，避免左右搖晃，上體
保持挺胸、立腰。

第四個 8 拍　勒馬觀花

第四個 8 拍的動作與要點同第三個 8 拍。

（ 第 二 節 ）

第一個 8 拍　靠身進肘

【1 拍】：左腳側出成大開立步，腳尖朝向左前

圖 1-2-25

方,兩腿屈蹲成半馬步。同時,左臂屈肘,左拳向左格擋,力達橈骨側,拳面斜朝前,高與肩平。目視左前方(圖1-2-25)。

【2拍】:上體向左擰轉,兩腳隨轉體碾轉,右腿蹬直成左弓步。同時,右臂隨轉體屈肘向前盤打,拳心朝下,拳眼向內,力達肘尖;左拳收抱於左腰間。目視右肘方向(圖1-2-26)。

【3拍】:上體向右擰轉,兩腳隨轉體碾轉,兩腿屈蹲成馬步。同時,左臂屈肘,左拳隨轉體向胸前撞肘,臂與肩平,拳心朝下,力達肘尖;右拳收抱於右腰間。目視前方(圖1-2-27)。

【4拍】:收左腳向右腳併攏,同時左拳收抱於左腰間,還原成預備勢(圖1-2-28)。

圖 1-2-26

圖 1-2-27

圖 1-2-28

【5拍】：右腳側出成大開立步，腳尖朝向右前方，兩腿屈蹲成半馬步。同時，右臂屈肘，右拳向右格擋，力達橈骨側，拳面斜朝前，高與肩平。目視右前方（圖1-2-29）。

圖1-2-29

【6拍】：上體向右擰轉，兩腳隨轉體碾轉，左腿蹬直成右弓步。同時，左臂隨轉體屈肘向前盤打，拳心朝下，拳眼向內，力達肘尖；右拳收抱於右腰間。目視左肘方向（圖1-2-30）。

【7拍】：上體向左擰轉，兩腳隨轉體碾轉，兩腿屈蹲成馬步。同時，右臂屈肘，隨轉體向胸前撞肘，臂與肩平，拳心朝下，力達肘尖；左拳收抱於左腰間。目視前方（圖1-2-31）。

【8拍】：收右腳向左腳併攏，同時右拳收抱於右腰間，還原成預備勢（圖1-2-32）。

【要點】：向外格擋要迅猛，步到手到，著力於前臂；盤、撞肘用力均須短促、有力，要借助腰腿的轉蹬，協調用勁。

图 1-2-30

图 1-2-31

图 1-2-32

圖 1–2–33

第二個 8 拍　靠身進肘

第二個 8 拍的動作與要點同第一個 8 拍。

第三個 8 拍　黃鶯落架

【1 拍】：右腳獨立支撐，左腿屈膝提起，膝高過腰，腳面繃平。同時，左拳變掌經體側向上亮掌於頭部左上方，掌心朝上，掌指向右；右拳立拳向右沖出，拳面斜朝下，上體微向右側傾。目視右拳（圖1–2–33）。

【2拍】：右腿屈膝下蹲，左腿向左側平仆成左仆步。同時，左掌下按於右肩前，掌心朝右，掌指朝上；右拳收至右腰側，屈肘抱拳，拳心朝上。目視左前方（圖1-2-34）。

圖 1-2-34

【3拍】：重心左移，上體向左擰轉，左腿屈膝前弓，右腿蹬直成左弓步。同時，左掌經下向前、向上架於頭部上方，掌心朝前上方；右拳向前平拳沖出，力達拳面，高與肩平。目視右拳方向（圖1-2-35）。

圖 1-2-35

95

圖 1-2-36

【4拍】：上體右轉，收左腳向右腳併攏，左掌變拳與右拳同時收抱於腰間成預備勢（圖1-2-36）。

【5拍】：左腳獨立支撐，右腿屈膝提起，膝高過腰，腳面繃平。同時，右拳變掌經體側向上亮掌於頭部右上方，掌心朝上，掌指朝左；左拳立拳向左沖出，拳面斜朝下，上體微向左側傾。目視左拳（圖1-2-37）。

【6拍】：左腿屈膝下蹲，右腿向右側平仆成右仆步。同時，右掌下按於左肩前，掌心朝左，掌指朝上；左拳收至左腰，屈肘抱拳，拳心朝上。目視右前方（圖1-2-38）。

圖 1-2-37

圖 1-2-38

圖 1-2-39

【7 拍】：重心右移，上體向右擰轉，右腿屈膝前弓，左腿蹬直成右弓步。同時，右掌經下向前、向上架於頭部上方，掌心朝前上方；左拳向前平拳沖出，力達拳面，高與肩平。目視左拳方向（圖 1-2-39）。

【8 拍】：身體左轉，收右腳向左腳併攏，右掌變拳與左拳同時收抱於腰間成預備勢（圖 1-2-40）。

圖 1-2-40

【要點】：提膝要過腰，大小腿盡力疊靠，吸氣並屏住呼吸；仆步時，提膝腿伸直平仆與支撐腿屈膝下蹲要同時完成，仆步不要撅臀，上體不要前俯，要挺胸立腰，略向平仆腿擰轉。

第四個 8 拍　黃鶯落架

第四個 8 拍的動作與要點同第三個 8 拍。

第三節

第一個 8 拍　平步青雲

【1 拍】：左腳側出成大開立步，兩腿屈蹲成馬步。同時左拳向左平拳沖出。目視左拳方向（圖 1-2-41）。

圖 1-2-41

圖 1-2-42

【2拍】：上體左轉，兩腳隨轉體碾轉，右腿蹬直成左弓步。同時，右拳變掌，立掌向前推出，臂與肩平，力達掌外沿，掌指朝上；左拳變掌內收下按於左膝上方，掌心朝下，掌指朝右。目視前方（圖1-2-42）。

【3拍】：上體右轉，左腿屈膝支撐，腳尖稍內扣；右腿屈膝提起，腳尖勾起緊扣左膝窩，成扣腿平衡。同時，左掌掌心朝上，向左前方插掌，高與肩平，力達指尖；右臂屈肘回收，掌心朝下在左前方與左掌擦擊，屈肘置於右胸前，高與肩平，掌心朝前，掌指朝左，拇指一側朝下，上體略向左側傾。目視左掌方向（圖1-2-43）。

【4拍】：右腳向右側回落，左腳向右腳靠攏成併

圖 1-2-43

圖 1-2-44

步，同時兩掌變拳收抱於腰間成預備勢（圖 1-2-
44）。

圖 1-2-45

【5拍】：右腳側出成大開立步，兩腿屈蹲成馬步。同時右拳向右平拳沖出。目視右拳方向（圖1-2-45）。

【6拍】：上體右轉，兩腳隨轉體碾轉，左腿蹬直成右弓步。同時，左拳變掌，立掌向前推出，臂與肩平，力達掌外沿，掌指朝上；右拳變掌內收下按於右膝上方，掌心朝下，掌指朝左。目視前方（圖1-2-46）。

【7拍】：上體左轉，右腿屈膝支撐，腳尖稍內扣；左腿屈膝提起，腳尖勾起緊扣右膝窩，成扣腿平衡。同時，右掌掌心向上、向右前方插掌，高與肩平，力達指尖；左臂屈肘回收，掌心向下在右前方與右掌擦擊，屈肘置於左胸前，高與肩平，掌心朝前，

圖 1-2-46

圖 1-2-47

掌指朝右，拇指一側朝下，上體略向右側傾。目視右
掌方向（圖1-2-47）。

圖 1-2-48　　　　　　圖 1-2-49

　　【8 拍】：左腳向左側回落，右腳向左腳靠攏成併步，同時兩掌變拳收抱於腰間成預備勢（圖 1-2-48）。

　　【要點】：扣腿平衡時屈蹲腿大腿要接近水平，扣膝腿要扣緊，大腿稍外展，上體要立腰、略向支撐腿方向側傾；扣腿平衡與插掌要同時完成。

第二個 8 拍　平步青雲

第二個 8 拍的動作與要點同第一個 8 拍。

第三個 8 拍　踢腹撞胸

　　【1 拍】：左腳向左前方上步，重心前移。同時

圖 1-2-50

左拳變掌向左前方摟手（圖 1-2-49）。

　　上動不停，上體向左擰轉，右腳腳跟提起。同時，左掌變拳收抱於左腰側；右拳隨轉體向前平拳沖出，高與肩平，力達拳面。目視右拳方向（圖 1-2-50）。

圖 1-2-51

【2拍】：左腳獨立支撐；右腿屈膝提起向前彈踢，腳面繃平，力達腳尖。同時，右拳收抱於右腰側；左拳向前平拳沖出，高與肩平，力達拳面（圖1-2-51）。

上動不停，右腳向起腿處回落，前腳掌著地，腳跟提起。同時，左拳收抱於左腰側；右拳平拳沖出，高與肩平，力達拳面。目視右拳方向（圖1-2-52）。

【3拍】：身體向右擰轉，重心移至右腳，左腳收至右腳內側，腳面繃平，腳尖點地，兩腿屈膝半蹲成丁步。同時，右拳收抱於右腰側；左拳隨轉體向左前方立拳沖出，高與肩平，力達拳面，拳眼朝上。目視左拳方向（圖1-2-53）。

圖 1-2-52　　　　　　　　圖 1-2-53

【4拍】：兩腿直
起，上體稍左轉成併步
直立，同時收左拳成預
備勢（圖1-2-54）。

圖 1-2-54

圖 1-2-55

【5 拍】：右腳向右前方上步，重心前移。同時右拳變掌向右前方摟手（圖 1-2-55）。

上動不停，上體向右擰轉，左腳腳跟提起。同時，右掌變拳收抱於右腰側；左拳隨轉體向前平拳沖出，高與肩平，力達拳面。目視左拳方向（圖 1-2-56）。

【6 拍】：右腳獨立支撐；左腿屈膝提起向前彈踢，腳面繃平，力達腳尖。同時，左拳收抱於左腰側；右拳向前平拳沖出，高與肩平，力達拳面（圖 1-2-57）。

圖 1-2-56

圖 1-2-57

圖 1-2-58

　　上動不停，左腳向起腿處回落，前腳掌著地，腳跟提起。同時，右拳收抱於右腰側；左拳平拳沖出，高與肩平，力達拳面。目視左拳方向（圖1-2-58）。

　　【7拍】：身體向左擰轉，重心移至左腳，右腳收至左腳內側，腳面繃平，腳尖點地，兩腿屈膝半蹲成丁步。同時，左拳收抱於左腰側；右拳隨轉體向右前方立拳沖出，高與肩平，力達拳面，拳眼朝上。目視右拳方向（圖1-2-59）。

　　【8拍】：兩腿直起，上體稍右轉成併步直立，同時收右拳成預備勢（圖1-2-60）。

　　【要點】：彈踢與沖拳要同時完成，彈踢時屈伸要明顯、清晰、乾脆、有力，腳面繃緊，力達腳尖；

圖 1-2-59　　　　　　　　圖 1-2-60

丁步兩腿要貼緊。

第四個 8 拍　　踢腹撞胸

第四個 8 拍的動作與要點同第三個 8 拍。

第四節

第一個 8 拍　　見縫插針

【1 拍】：左腳側出，腳尖朝向左前方，右腳腳尖內扣，兩腿略蹲。同時，身體向左側擰轉，兩臂屈肘，兩拳上舉隨轉體向左側格擋，左拳力達前臂橈骨側，右拳力達前臂尺骨側。目視前方（圖 1-2-61）。

圖 1-2-61

　　上動不停，左腳向前上半步，兩腿屈蹲成馬步。
同時，左拳拳眼向下，拳心朝外，向左前方全力貫
擊，力達拳面，臂與肩平；右拳變掌，立掌收至左肩
前，掌心朝左，掌指朝上。目視左拳方向（圖 1-2-
62）。

　　【2拍】：左腳稍提起在右腳內側處震腳，成併
步屈蹲。同時，左臂屈肘，左拳向體前下砸；右前臂
外旋，向下翻轉，掌心朝上，在胸前迎擊左拳。目視
前方（圖 1-2-63）。

圖 1-2-62

圖 1-2-63

【3拍】：身體向左擰轉，左腳向左前方上步，重心前移，右腳跟進半步，兩腿屈蹲成蹬山步。同時，左前臂內旋，隨轉體屈肘經前上架於頭部前上方；右掌變拳向前立拳沖出，力達拳面，拳眼朝上。目視前方（圖 1-2-64）。

圖 1-2-64

【4拍】：身體右轉，收左腳成併步直立，同時兩拳收抱於腰側，成預備勢（圖1-2-65）。

【5拍】：右腳側出，腳尖朝向右前方，左腳腳尖內扣，兩腿略蹲。同時，身體向右側擰轉，兩臂屈肘，兩拳上舉隨轉體向右側格擋，右拳力達前臂橈骨側，左

圖1-2-65

拳力達前臂尺骨側。目視前方（圖1-2-66）。

上動不停，右腳向前上半步，兩腿屈蹲成馬步。同時，右拳拳眼朝下，拳心朝外，向右前方全力貫擊，力達拳面，臂與肩平；左拳變掌，立掌收至右肩前，掌心朝左，掌指朝上。目視右拳方向（圖1-2-67）。

【6拍】：右腳稍提起在左腳內側處震腳，成併步屈蹲。同時，右臂屈肘，右拳向體前下砸；左前臂外旋，向下翻轉，掌心朝上，在胸前迎擊右拳。目視前方（圖1-2-68）。

圖 1-2-66

圖 1-2-67

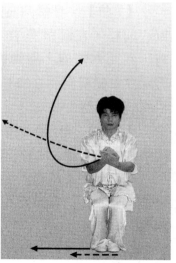

圖 1-2-68

圖 1-2-69　　　　　　圖 1-2-70

【7 拍】：身體向右擰轉，右腳向右前方上步，重心前移，左腳跟進半步，兩腿屈蹲成蹬山步。同時，右前臂內旋，隨轉體屈肘經前上架於頭部前上方；左掌變拳向前立拳沖出，力達拳面，拳眼朝上。目視前方（圖 1-2-69）。

【8 拍】：身體左轉，收右腳成併步直立，同時兩拳收抱於腰側，成預備勢（圖 1-2-70）。

【要點】：格擋與貫拳連貫協調，一氣呵成，力點要準確，用力要順達；崩拳要配合擰身上步，做到短促而有力。

圖 1-2-71

第二個 8 拍　見縫插針

第二個 8 拍的動作與要點同第一個 8 拍。

第三個 8 拍　童子栽蔥

【1 拍】：上體向右擰轉，兩腿屈蹲，左腳面繃平，腳尖在右腳內側點地成丁步。同時，左臂屈肘上舉隨轉體向右格擋，拳心朝內，高與頭齊。目視左前方（圖 1-2-71）。

圖 1-2-72

【2拍】：左腳向斜前方上步，右腳跟進半步，
兩腿屈膝略蹲，左腳尖內扣，右腳尖外展，重心稍後
坐，兩腿稍內夾，成四方三角步。同時，兩拳立拳向
前撞擊，左上右下，左拳同肩高，右拳齊胸，拳眼均
向上。目視前方（圖1-2-72）。

【3拍】：左腿屈膝獨立支撐；右腿屈膝提起，
膝外展，勾腳尖向外翻轉，向左前下方踩擊。同時，
左前臂外旋，拳心朝上，右前臂內旋，拳心朝下，兩
拳成半握拳，兩臂屈肘向右後方擒帶，左拳置於右肋
前，右拳置於右後側，略低於肩。目視前方（圖1-2-
73）。

圖 1-2-73

上動不停，右腳向後回落，屈膝、勾腳尖，膝及小腿內側貼地，成單蝶步。同時，兩拳旋臂變掌向左前切出，左掌掌心朝下，肘微屈、外撐，與肩同高；右掌掌心朝上，高與胸齊，肘稍沉。目視兩掌方向（圖 1-2-74）。

圖 1-2-74

 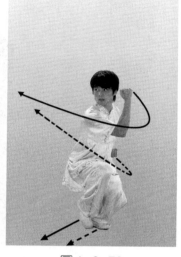

圖 1-2-75　　　　　　　圖 1-2-76

　　【4拍】：收左腳向右腳併攏，同時兩掌變拳，
收抱於腰側成預備勢（圖1-2-75）。

　　【5拍】：上體向左擰轉，兩腿屈蹲，右腳面繃
平，腳尖在左腳內側點地成丁步。同時，右臂屈肘上
舉隨轉體向左格擋，拳心朝內，高與頭齊。目視右前
方（圖1-2-76）。

圖 1-2-77

【6 拍】：右腳向斜前方上步，左腳跟進半步，兩腿屈膝略蹲，右腳尖內扣，左腳尖外展，重心稍後坐，兩腿稍內夾，成四方三角步。同時，兩立拳向前撞擊，右上左下，右拳同肩高，左拳齊胸，拳眼均向上。目視前方（圖 1-2-77）。

圖 1-2-78

【7拍】：右腿屈膝獨立支撐，左腿屈膝提起，膝外展，勾腳尖向外翻轉，向右前下方踩擊。同時，右前臂外旋，拳心朝上，左前臂內旋，拳心朝下，兩拳成半握拳，兩臂屈肘向左後方擒帶，右拳置於左肋前，左拳置於左後側，略低於肩。目視前方（圖1-2-78）。

上動不停，左腳向後回落，屈膝、勾腳尖，膝及小腿內側貼地，成單蝶步。同時，兩拳旋臂變掌向右前切出，右掌掌心朝下，肘微屈、外撐，與同肩高；左掌掌心朝上，高與胸齊，肘稍沉。目視兩掌方向（圖1-2-79）。

【8拍】：收右腳向左腳併攏，同時兩掌變拳，

圖 1-2-79

圖 1-2-80

收抱於腰側成預備勢（圖 1-2-80）。

【要點】：三角四方步要沉穩，身體重心不宜過高；雙撞拳發力要短促、乾脆，含胸收腹；擒帶與踩腿要同時完成，踩腿屈伸要明顯。

第四個 8 拍　童子栽蔥

第四個 8 拍的動作與要點同第三個 8 拍，唯第四個 8 拍的第 8 拍還原成併步站立。

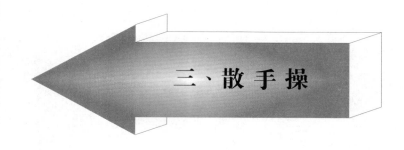

三、散手操

（一）散手操簡介

攻防是武術文化的核心要素，是武術區別於其他運動項目的特性之所在。武術散手鮮明地體現了武術的尚武精神，反映了習武者勇敢拼搏、不屈不撓、機智善變、自愛自強的精神境界，它是武術運動不可缺少的一個重要組成部分。因此，我們把「散手操」單列為一個部分進行編排。

在這短短的四個 8 拍中要想全面體現散手的技術內容是不可能的，但「散手操」中的拳法、步法和腿法也可反映散手運動的一斑。在前兩個 8 拍中我們把散手的格鬥式、滑步、直拳作為基本內容，在後兩個 8 拍中我們則安排了散手的沖膝、蹬踢等腿部運動作為基本內容，再配以鏗鏘有力的音樂來增強散手運動的搏擊氣氛，激發練習者的鬥志。

圖 1-3-1　　　　　圖 1-3-2

(二)散手操動作圖解

預備勢：

1.併步站立（圖 1-3-1）。

2.兩掌變拳，抱於腰間，拳心朝上。目視前方
（圖 1-3-2）。

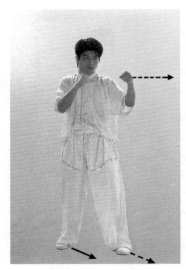 

圖 1-3-3　　　　　　　　圖 1-3-4

第一個 8 拍　滑步直拳

【1 拍】：左腳向左前方上步，腳尖稍內扣，膝微屈；右腳前腳掌蹬撐，腳跟離地，膝微屈，腳尖稍內扣，髖稍內斂。身體微向左前傾，左肩在前，沉肩、含胸、下頜內收，左腮微側偏左肩。同時，兩手握拳，兩臂彎曲自然抬起，左拳在前，高與鼻齊，肘下垂，拳心朝右下；右拳置於下頜前，肘下垂。目視左拳方向（圖 1-3-3）。

【2 拍】：左腳向前一步，右腳蹬地跟進，身體稍向右擰轉。同時，左拳隨轉體向前平拳沖出，高與肩平，力達拳面，拳心朝下。目視左拳（圖 1-3-

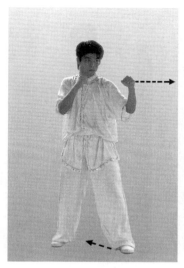

圖 1-3-5　　　　　　圖 1-3-6

4）。

　　上動不停，身體稍向左擰轉，左臂屈肘，左拳快速返回至左肩前（圖1-3-5）。

　　【3拍】：左腳後退半步，前腳掌撐地，身體稍向右擰轉，左肩前順。同時，左拳隨轉體向前平拳沖出，高與肩平，力達拳面，拳心朝下（圖1-3-6）。

圖 1-3-7　　　　　　　圖 1-3-8

　　上動不停，右腳向後退步，身體向左擰轉。同時，右拳隨轉體向前平拳沖出，左拳收置左肩前。目視右拳方向（圖 1-3-7）。

　　【4 拍】：收左腳向右腳併攏，同時兩拳收抱於腰間，還原成預備勢（圖 1-3-8）。

圖 1-3-9　　　　　　　圖 1-3-10

　　【5拍】：右腳向右前方上步，腳尖稍內扣，膝
微屈；左腳前腳掌蹬撐，腳跟離地，膝微屈，腳尖稍
內扣，髖稍內斂。身體微向右前傾，右肩在前，沉
肩、含胸、下頜內收，右腮微側偏右肩。同時，兩手
握拳，兩臂彎曲自然抬起，右拳在前，高與鼻齊，肘
下垂，拳心朝下；左拳置於下頜前，肘下垂。目視右
拳方向（圖1-3-9）。

　　【6拍】：右腳向前上步，左腳蹬地跟進，身體
稍向左擰轉。同時，右拳隨轉體向前平拳沖出，高與
肩平，力達拳面，拳心朝下。目視右拳（圖1-3-
10）。

圖 1-3-11 　　　　　　　　　　圖 1-3-12

　　上動不停，身體稍向右擰轉，右臂屈肘，右拳快速返回至右肩前（圖 1-3-11）。

　　【7 拍】：右腳後退半步，前腳掌撐地，身體稍向左擰轉，右肩前順。同時，右拳隨轉體向前平拳沖出，高與肩平，力達拳面，拳心朝下（圖 1-3-12）。

圖 1-3-13

圖 1-3-14

　　上動不停，左腳向後退步，身體向右擰轉。同時，左拳隨轉體向前平拳沖出，右拳收置右肩前。目視左拳方向（圖 1-3-13）。

　　【8 拍】：收右腳向左腳併攏，同時兩拳收抱於腰間成預備勢（圖 1-3-14）。

　　【要點】：格鬥式不僅要保持一種協調自然的防護體系，而且要便於出擊，它要求鬆肩、含胸、實腹、斂臀、屈臂、垂肘、收頷、閉口，前後滑步既要快速又有彈性；左右直拳要配合蹬腿，要擰腰轉髖、順肩旋臂。

第二個8拍　滑步直拳

第二個8拍的動作與要點同第一個8拍。

第三個8拍　沖膝蹬擊

【1拍】：左腳向左前上步，腳尖稍內扣，膝微屈；右腳前腳掌蹬撐，腳跟離地，膝微屈，腳尖稍內扣，髖稍內斂。身體微向左前傾，左肩在前，沉肩、含胸、下頜內收，左腮微側偏左肩。同時，兩手握拳，兩臂彎曲自然抬起，左拳在前置於左肩前方，肘下垂，拳心斜朝左下；右拳置於下頜前，肘下垂。目視左拳方向（圖1-3-15）。

【2拍】：左腿微屈獨立支撐，身體稍向後仰，右腿屈膝猛力向前、向上撞擊，力達膝部。同時，兩臂彎曲，兩拳向下、向右腿兩側砸擊，力達前臂尺骨側。目視前方（圖1-3-16）。

圖1-3-15

圖 1-3-16

【3 拍】：右腳向
起腿處回落並獨立支
撐，重心後移；左腿隨
即屈膝提起，腳尖勾
緊，用力向前蹬踢，腿
高過腰，力達腳跟。同
時兩臂屈肘上抬至兩肩
前。目視前方（圖 1-
3-17）。

圖 1-3-17

圖 1-3-18　　　　　　　　圖 1-3-19

　　【4拍】：左腿向右腳內側回落，身體右轉，同
時兩拳收抱於腰間成預備勢（圖 1-3-18）。

　　【5拍】：右腳向右前上一步，腳尖稍內扣，膝
微屈；左腳前腳掌蹬撐，腳跟離地，膝微屈，腳尖稍
內扣，髖稍內斂。身體微向右前傾，右肩在前，沉
肩、含胸、下頜內收，右腮微側偏左肩。同時，兩手
握拳，兩臂彎曲自然抬起，右拳在前置於右肩前方，
肘下垂，拳心斜朝右下；左拳置於下頜前，肘下垂。
目視右拳方向（圖 1-3-19）。

　　【6拍】：右腿微屈獨立支撐，身體稍向後仰，
左腿屈膝猛力向前、向上撞擊，力達膝部。同時，兩
臂彎曲向下、向左腿兩側砸擊，力達前臂尺骨側。目視

圖 1-3-20

前方（圖1-3-20）。

【7拍】：左腳向起腿處回落並獨立支撐，重心後移；右腿隨即屈膝提起，腳尖勾緊，用力向前蹬踢，腿高過腰，力達腳跟。同時兩臂屈肘上抬至兩肩前。目視前方（圖1-3-21）。

圖 1-3-21

圖 1-3-22

【8 拍】：右腿向左腳內側回落，身體左轉，同時兩拳收抱於腰間成預備勢（圖 1-3-22）。

【要點】：提膝上撞要腰胯前頂、果斷迅猛；蹬踢時屈伸要明顯，力達腳跟。

第四個 8 拍　沖膝蹬擊

第四個 8 拍的動作與要點同第三個 8 拍，唯第四個 8 拍的第 8 拍還原成併步站立。

四、功 法 操

（一）功法操簡介

功法操綜合了太極拳和南少林拳術五行相生氣功的運動方法和功法理論。太極拳是一種重要的健身與預防疾病的手段，它以連貫圓柔見長和以延年祛病的功效譽滿世界，太極拳放鬆舒適的運動特點，能使肌體因激烈運動產生的緊張狀態得到整理放鬆，使亢奮激昂的情緒得到有效抑制，趨向平和自然；南少林拳術五行相生氣功的功法理念是以深吸長納、氣沉丹田、因形調氣的氣息調理方法為主，它也能使激烈運動所產生的呼吸急迫和心跳加速狀態得到緩解。

為了更好地配合功法操圓活連貫、舒適緩慢的運動特點，我們取消口令，用輕鬆柔美的韻律來引領功法操的動作，使音樂與形體動作相互交融、渾然一體。音律構築起的高山流水、和風細雨、平湖秋月、鶯歌燕舞等意境，既能渲染功法操精神集中、意識引導的寧靜氛圍，又能拓展想像和思維的空間。

 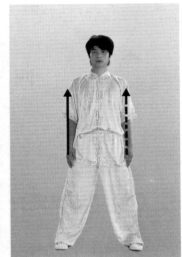

圖 1-4-1　　　　　　　圖 1-4-2

（二）功法操動作圖解

預備勢：兩腳併攏，自然直立，下頜微內收，胸
腹放鬆，肩臂垂，兩手輕貼大腿外側（圖 1-4-1）。

1. 起 勢

（1）左腳向左輕出半步，與肩同寬，腳尖向前
（圖 1-4-2）。

圖 1-4-3　　　　　　　圖 1-4-4

（2）兩手緩緩向前平舉，手心朝下，高與肩平，肘微下垂（圖 1-4-3）。

（3）上體保持正直，兩腿緩慢屈膝半蹲。同時，兩掌輕輕下按至腹前，手心朝下，掌與膝相對（圖 1-4-4）。

圖 1-4-5　　　　　　　圖 1-4-6

（4）上動不停，上體不變，兩腿緩慢蹬直。同時，兩手緩緩向上平舉，手心朝下，高與肩平，肘微下垂（圖1-4-5）。

（5）上體不變，兩腿緩慢屈膝半蹲。同時，兩掌輕輕下按至腹前，手心朝下，掌與膝相對。目視前方（圖1-4-6）。

【要點】：開步時身體重心移動要平穩，手掌自然舒展；兩臂下落、上舉要與身體的蹲、起協調一致，呼吸自然。

圖 1-4-7

圖 1-4-8

2. 開合手

（1）接上式，兩臂外旋於腹前緩慢向外掤拉、撐圓，高不過胸，兩手心相對。目視前方（圖1-4-7）。

上動不停，兩臂屈肘，兩手向內收合，置於腹前，手心相對。目視前方（圖1-4-8）。

圖 1-4-9 　　　　　　圖 1-4-10

（2）接上式，兩臂於腹前緩慢向外掤拉、撐圓，高不過胸，兩手心相對。目視前方（圖1-4-9）。

上動不停，兩臂屈肘，兩手向內收合，置於腹前，手心相對。目視前方（圖1-4-10）。

【要點】：外掤吸氣時兩臂撐圓猶如抱球充氣一般；收合吐氣時重心不變，鬆肩垂肘，自然放鬆。

圖 1-4-11　　　　　　　　圖 1-4-12

3. 手揮琵琶

（1）接上式，右腳尖內扣，重心移向右腿，左腳跟提起，身體左轉。同時，兩手緩慢向兩側分開置於胯前，相距寬於肩。目視左前方（圖1-4-11）。

上動不停，左腳向前，腳跟著地，腳尖翹起，左膝微屈成左虛步。同時，兩臂微屈向左胸前相合，左手指尖同鼻高、右掌置於左肘內下方，兩掌心斜相對，指尖均朝前上方。目視左掌方向（圖1-4-12）。

圖 1-4-13　　　　　　　圖 1-4-14

　　上動不停，左腳收回，兩腳掌著地成平行開立步屈蹲，與肩同寬。同時，兩手下落於體前。目視前方（圖 1-4-13）。

　　（2）接上式，左腳尖內扣，重心移向左腿，右腳跟提起，身體右轉。同時，兩手緩慢向兩側分開置於胯前，相距寬於肩。目視右前方（圖 1-4-14）。

圖 1-4-15　　　　　　　圖 1-4-16

　　上動不停，右腳向前，腳跟著地，腳尖翹起，右
膝微屈成右虛步。同時，兩臂微屈向右胸前相合，右
手指尖同鼻高、左掌置於右肘內下方，兩掌心斜相
對，指尖均朝前上方。目視右掌方向（圖 1-4-15）。
　　上動不停，右腳收回，兩腳掌著地成平行開立步
屈蹲，與肩同寬。同時，兩手下落於體前。目視前方
（圖 1-4-16）。

　　【要點】：動作要保持平穩自然，兩肩鬆沉，兩
臂要有合夾之勁。

圖 1-4-17　　　　　　　　圖 1-4-18

4. 雲 手

（1）接上式，兩手外旋翻掌，掌心斜朝上（圖1-4-17）。

上動不停，上體向左擰轉，重心微向右移。同時，左手向右、向上經臉前向左立圓雲轉至身體左側時內旋翻掌成平舉，手心朝外；右手經腹前向左、向上立圓雲轉至左肩前，手心斜朝內。目視左手（圖1-4-18）。

（2）接上式，上體稍向右擰轉，重心微向左移。同時，右手向上經臉前向右立圓雲轉至身體右側時內旋翻掌成平舉，手心朝外；左手向下經腹前向右立圓

圖 1-4-19

圖 1-4-20

雲轉至右肩前，手心斜朝內。目視右手（圖 1-4-19、20）。

（3）接上式，上體稍向左擰轉，重心微向右移。同時，左手向上經臉前向左立圓雲轉至身體左側時內旋翻掌成平舉，手心朝外；右手向下經腹前向左立圓雲轉至左肩前，手心斜朝內。目視左手（圖 1-4-21）。

圖 1-4-21

圖 1-4-22　　　　　圖 1-4-23

（4）接上式，上體稍向右擰轉，重心微向左移。同時，右手向上經臉前向右立圓雲轉至身體右側時內旋翻掌成平舉，手心朝外；左手向下經腹前向右立圓雲轉至右肩前，手心斜朝內。目視右手（圖 1-4-22、23）。

【要點】：身體轉動以腰脊為軸，重心不可忽高忽低，兩臂隨腰轉動而雲轉，要均勻圓活，緩慢連貫，眼隨手動，上體舒鬆正直。

5. 野馬分鬃

（1）接上式，身體重心移至左腳，右腳隨上體左轉收至左腳內側，腳尖點地。同時，左手向左畫弧屈

臂平舉於胸前；右臂外旋，右手向下、向左畫弧收於腹前，兩掌心上下相對成抱球狀（圖1-4-24）。

上動不停，右腳向右前方邁出一步，腳跟先著地，身體右轉，重心前移成右弓步。同時，右左手隨轉體慢慢向右上、左下分開，右手高與眼平，手心斜朝上，肘微屈；左手落於左胯旁，肘微屈，手心朝下，指尖朝前。目視右手（圖1-4-25、26）。

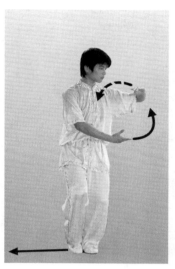

圖1-4-24

圖1-4-25

圖1-4-26

圖 1-4-27　　　　　　　圖 1-4-28

（2）接上式，上體慢慢後坐，重心移至左腳，右腳尖翹起（圖1-4-27）。

上動不停，身體左轉，右腳尖內扣，重心移至右腳，左腳隨身體左轉收至右腳內側，腳尖點地。同時，右臂內旋，屈臂平舉於胸前；左臂外旋，向上、向右畫弧置於腹前，兩掌心上下相對成抱球狀。目視右手（圖1-4-28）。

圖 1-4-29 　　　　　　圖 1-4-30

　　上動不停，左腳向左前方邁出一步，腳跟先著地，身體左轉，重心前移成左弓步。同時，左右手隨轉體慢慢向左上、右下分開，左手高與眼平，手心斜朝上，肘微屈；右手落於右胯旁，肘微屈，手心朝下，指尖朝前。目視左手（圖 1-4-29、30）。

　　【要點】：上體不可前俯後仰，兩臂分開保持弧形，轉動時以腰為軸；弓步與分手動作速度要均勻一致，弓步時邁出的腳先要腳跟著地，然後腳掌慢慢踏實，後腿自然伸直，上體保持寬鬆舒展。

圖 1-4-31　　　　　　　圖 1-4-32

6. 十字手

（1）接上式，右腿屈膝，上體後坐，身體重心移至右腳，左腳尖翹起、內扣，身體右轉，右腳隨轉體稍外擺成右側弓步。同時，右手隨轉體向上、向右平擺畫弧，與左手成兩臂側平舉，掌心朝前，肘微屈。目視右手（圖1-4-31、32）。

圖 1-4-33

　　上動不停，身體重心慢慢移至左腿，右腳尖內扣，隨即向左收回，兩腳距同肩寬，兩腿逐漸蹬直成開立步。同時，兩手向下經腹前向上畫弧交叉抱於胸前，兩臂撐圓，腕與肩平，右手在外成十字手，兩手心均朝內。目視前方（圖 1-4-33）。

　　【要點】：兩手分開與合抱時，上體不可前俯，立起時，身體要自然中正，兩臂環抱須圓滿舒適。

圖 1-4-34

圖 1-4-35

7. 收 勢

兩手內旋向外翻掌，手心朝下，兩臂慢慢下落停於身體兩側，然後重心移至右腿，左腳向右腳靠攏併步成立正姿勢。目視前方（圖 1-4-34～36）。

【要點】：兩臂左右分開下落要周身放鬆，氣沉丹田。

圖 1-4-36

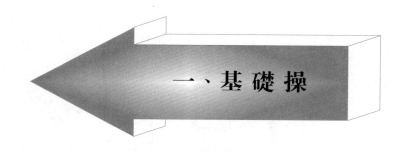

一、基礎操

（一）基礎操簡介

「基礎操」包括上肢運動、腰部運動、壓腿運動和踢腿運動四個部分的準備內容，其動作簡單、易練，為一般運動所不可缺少的，故把它取名為基礎操。

任何一個運動項目都必須在充分的熱身活動的前提下展開，這樣才能減少和避免運動損傷，符合人體運動的生理規律，達到「健康性」的活動目的。

此外，每一類運動項目都有自己的基礎訓練內容，武術也同樣有其獨特的基礎訓練動作，如手型、手法、步型、步法、腰腿的柔韌訓練等等都是必不可少的專項基礎。同其他運動操相比較，基礎操的內容除有頸、肩、肘、腕、腰、膝、踝等關節活動的共性以外，還有手型、手法、壓腿、踢腿等武術獨有的特性。「基礎操」部分運動量較小，動作勻稱，節奏緩和，因而我們選用的音樂也是較為輕鬆活潑的，取山河初醒之意境。

圖 2-1-1　　　　　　　　圖 2-1-2

（二）基礎操動作圖解

1.併步站立（圖 2-1-1）。

2.預備勢：兩掌變拳，收抱於腰間，拳心朝上。目視前方（圖 2-1-2）。

（第一節　上肢運動）

第一個 8 拍　手型變換

【1 拍】：左腳側出成開立步。同時兩拳向前平

圖 2-1-3

拳沖出，力達拳面，拳心朝下。目視前方（圖 2-1-
3）。

【2 拍】：兩拳收至腰間變掌經兩側向上畫弧至
頭部上方抖腕亮掌，臂內旋，肘微屈，掌指相對，掌
心朝上。抬頭仰視（圖 2-1-4）。

【3 拍】：兩掌同時向兩側下擺至平舉，扣腕成
勾手，勾尖朝下。目視前方（圖 2-1-5）。

圖 2-1-4

圖 2-1-5

圖 2-1-6

【4 拍】：收左腳向右腳併攏。同時，兩勾手變
拳收至腰間，成併步抱拳，拳心朝上（圖 2-1-6）。

【5 拍】：右腳側出成開立步。同時，兩拳向前
平拳沖出，力達拳面，拳心朝下。目視前方（圖 2-1-
7）。

【6 拍】：兩拳收至腰間，變掌經兩側向上畫弧
至頭部上方抖腕亮掌，臂內旋，肘微屈，掌指相對，
掌心朝上。抬頭仰視（圖 2-1-8）。

圖 2-1-7

圖 2-1-8

圖 2-1-9

【7拍】：兩掌同時
向兩側下擺至平舉，扣腕
成勾手，勾尖朝下。目視
前方（圖2-1-9）。

【8拍】：收右腳向
左腳併攏。同時，兩勾手
變拳收至腰間，成併步抱
拳，拳心朝上（圖2-1-
10）。

圖 2-1-10

【要點】：沖拳握拳
要緊，力達拳面；亮掌四

圖 2-1-11　　　　　　　　圖 2-1-12

指併攏，抖腕乾脆；勾手五指捏攏一處，腕關節快速用力回屈，力達指尖。

第二個 8 拍　手型變換

第二個 8 拍的動作與要點同第一個 8 拍。

第三個 8 拍　左右推掌

【1 拍】：左腳側出成開立步，上體稍向右擰轉。同時，左拳變掌向前立掌推出，高與肩平，力達掌根。目視前方（圖 2-1-11）。

【2 拍】：上體稍向左擰轉。同時，左掌變拳收抱於腰間；右拳變掌向前立掌推出，高與肩平，力達掌根。目視前方（圖 2-1-12）。

圖 2-1-13　　　　　圖 2-1-14

【3拍】：右掌變拳收抱於腰間；同時左拳變掌向左側立掌推出，高與肩平，力達掌根。目視左掌方向（圖2-1-13）。

【4拍】：收左腳向右腳併攏。同時，左掌變拳，屈肘收抱於腰間，拳心朝上，成預備勢（圖2-1-14）。

圖 2-1-15　　　　　　　圖 2-1-16

【5拍】：右腳側出成開立步，上體稍向左擰轉。同時，右拳變掌向前立掌推出，高與肩平，力達掌根。目視前方（圖 2-1-15）。

【6拍】：上體稍向右擰轉。同時，右掌變拳收抱於腰間；左拳變掌向前立掌推出，高與肩平，力達掌根。目視前方（圖 2-1-16）。

【7 拍】：左掌變拳收抱於腰間；同時右拳變掌向右側立掌推出，高與肩平，力達掌根。目視右掌方向（圖2-1-17）。

【8 拍】：收右腳向左腳併攏。同時，右掌變拳，屈肘收抱於腰間，拳心朝上，成預備勢（圖2-1-18）。

圖 2-1-17

圖 2-1-18

圖 2-1-19

【要點】：開步要挺立，推掌要配合擰腰旋臂立掌推擊，力達掌根，做到手眼相隨，忌聳肩歪脖。

第四個 8 拍　左右推掌

第四個 8 拍的動作與要點同第三個 8 拍。

第二節　腰部運動

第一個 8 拍　體側運動

【1 拍】：左腳側出成開立步。同時，兩拳變掌，經體側弧形上擺至頭上方，兩掌叉疊，掌心斜朝上。抬頭，目視兩掌（圖 2-1-19）。

圖 2-1-20　　　　　　　　　圖 2-1-21

　　【2 拍】：上體向左側屈並迅速還原。同時，兩
掌叉疊不變，兩臂自然伸直隨體側屈向左側撐伸並隨
體還原。目視兩掌（圖 2-1-20、21）。

　　【3 拍】：上體向左側屈並迅速還原。同時，兩
掌叉疊不變，兩臂自然伸直隨體側屈向左側撐伸並隨
體還原。目視兩掌（圖 2-1-22、23）。

圖 2-1-22

圖 2-1-23

圖 2-1-24

【4拍】：收左腳向右腳併攏。同時，兩掌經兩側下擺變拳收抱於腰間成預備勢（圖 2-1-24）。

【5拍】：右腳側出成開立步。同時，兩拳變掌，經體側弧形上擺至頭上方，兩掌叉疊，掌心斜朝上。抬頭，目視兩掌（圖 2-1-25）。

【6拍】：上體向右側屈並迅速還原。同時，兩掌叉疊不變，兩臂自然伸直隨體側屈向右側撐伸並隨體還原。目視兩掌（圖 2-1-26、27）。

圖 2-1-25　　　　　　　　　　圖 2-1-26

圖 2-1-27

【7 拍】：上體向右側屈並迅速還原。同時，兩掌叉疊不變，兩臂自然伸直隨體側屈向右側撐伸並隨體還原。目視兩掌（圖 2-1-28、29）。

圖 2-1-28

圖 2-1-29

圖 2-1-30

【8 拍】：收右腳向左腳併攏。同時，兩掌經兩側下擺變拳收抱於腰間成預備勢（圖 2-1-30）。

【要點】：體側屈時上體應保持在一個立面上，不能擰轉，兩臂自然伸直配合側面撐伸，體側屈和還原動作要連貫、有彈性、幅度大。

第二個 8 拍　體側運動

第二個 8 拍的動作與要點同第一個 8 拍。

圖 2-1-31　　　　　　　　　圖 2-1-32

第三個 8 拍　轉腰拍背

【1 拍】：左腳側出成開立步，上體左轉。同時，兩拳變掌，左掌左後伸，用掌背拍擊右後腰；右掌經體側上舉亮掌，掌心朝前上。目視右腳腳跟（圖 2-1-31、32）。

圖 2-1-33　　　　　　　圖 2-1-34

【2拍】：上體還原，兩掌不變。目視前方（圖 2-1-33）。

【3拍】：上體左轉，兩掌不變。目視右腳腳跟（圖 2-1-34）。

 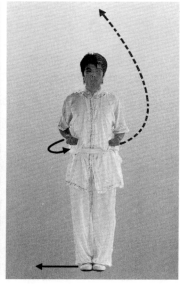

圖 2-1-35　　　　　　　　　圖 2-1-36

　　【4拍】：上體還原，收左腳向右腳併攏。同時，
右掌經體側下擺，兩掌變拳收抱於腰間成預備勢（圖
2-1-35、36）。

圖 2-1-37　　　　　　圖 2-1-38

　　【5 拍】：右腳側出成開立步，上體右轉。同時，兩拳變掌，右掌右後伸，用掌背拍擊左後腰；左掌經體側上舉亮掌，掌心朝前上。目視左腳腳跟（圖 2-1-37、38）。

圖 2-1-39　　　　　　　　　圖 2-1-40

　　【6拍】：上體還原，兩掌不變。目視前方（圖
2-1-39）。

　　【7拍】：上體右轉，兩掌不變。目視左腳腳跟
（圖2-1-40）。

【8拍】：上體還原，收右腳向左腳併攏。同時，左掌經體側下擺，兩掌變拳收抱於腰間成預備勢（圖2-1-41、42）。

【要點】：上體擰轉時步型不變，以腰為軸，掌背拍擊後腰用力適當。

圖 2-1-41

圖 2-1-42

圖 2-1-43

第四個 8 拍　轉腰拍背

第四個 8 拍的動作與要點同第三個 8 拍。

第三節　壓腿運動

第一個 8 拍　左側壓腿

【1 拍】：右腳原地震腳，右腿屈膝半蹲；左腳向左側伸出，挺膝、勾腳尖，腳跟著地。同時，兩拳變掌，左臂彎曲，左掌經體前置於右肩前，掌指朝上，掌心向右；右掌經右側向上畫弧至頭部右上方亮掌，掌心朝上。目視左前方（圖 2-1-43）。

圖 2-1-44

【2 拍】：兩掌不變，上體向左側屈、振壓。目視前方（圖 2-1-44）。

【3 拍】：兩掌不變，上體還原。目視左前方（圖 2-1-45）。

圖 2-1-45

圖 2-1-46

【4 拍】：兩掌不變，上體向左側屈、振壓。目視前方（圖2-1-46）。

【5 拍】：兩掌不變，上體還原。目視左前方（圖2-1-47）。

圖 2-1-47

圖 2-1-48

【6拍】：兩
掌不變，上體向左
側屈、振壓。目視
前方（圖 2-1-
48）。

【7拍】：兩
掌不變，上體還
原。目視左前方
（圖2-1-49）。

圖 2-1-49

圖 2-1-50

【8拍】：收左腳向右腳併攏。同時，右掌經右側下擺，兩掌變拳，收抱於腰間成預備勢（圖2-1-50）。

【要點】：上體側屈壓腿時，要保持在一個立面上，不能擰轉或前屈弓背，振幅要大；側伸腿要挺膝、勾腳尖。

第二個8拍　右側壓腿

【1拍】：左腳原地震腳，左腿屈膝半蹲；右腳向右側伸出，挺膝、勾腳尖，腳跟著地。同時，兩拳

圖 2-1-51

圖 2-1-52

變掌，右臂彎曲，右掌經體前置於左肩前，掌指朝上，掌心朝左；左掌經左側向上畫弧至頭部左上方亮掌，掌心朝上。目視右前方（圖2-1-51）。

【2拍】：兩掌不變，上體向右側屈、振壓。目視前方（圖2-1-52）。

圖 2-1-53

圖 2-1-54　　　　　　　　圖 2-1-55

　　【3 拍】：兩掌不變，上體還原。目視右前方（圖
2-1-53）。

　　【4 拍】：兩掌不變，上體向右側屈、振壓。目視
前方（圖 2-1-54）。

　　【5 拍】：兩掌不變，上體還原。目視右前方（圖
2-1-55）。

　　【6 拍】：兩掌不變，上體向右側屈、振壓。目視
前方（圖 2-1-56）。

　　【7 拍】：兩掌不變，上體還原。目視右前方（圖
2-1-57）。

圖 2-1-56

圖 2-1-57

圖 2-1-58

圖 2-1-59

【8 拍】：收右腳向左腳併攏。同時，左掌經左側下擺，兩掌變拳，收抱於腰間成預備勢（圖 2-1-58）。

【要點】：上體側屈壓腿時，要保持在一個立面上，不能擰轉或前屈弓背，振幅要大；側伸腿要挺膝、勾腳尖。

第三個 8 拍　左仆步壓腿

【1 拍】：右腿屈膝全蹲，左腳提起向左側邁出平仆，成左仆步，同時兩拳變掌叉腰。目視前方（圖 2-1-59）。

圖 2-1-60

圖 2-1-61

【2 拍】：上體
向左擰轉並向下振
壓，目視左腳方向
（圖 2-1-60）。

【3 拍】：身體
還原，目視前方（圖
2-1-61）。

【4 拍】：上體
向左擰轉並向下振
壓，目視左腳方向
（圖 2-1-62）。

圖 2-1-62

圖 2-1-63　　　　　　圖 2-1-64

【5拍】：身體還原，目視前方（圖2-1-63）。

【6拍】：上體向左擰轉並向下振壓，目視左腳方向（圖2-1-64）。

圖 2-1-65

圖 2-1-66

【7拍】：身體還原，目視前方（圖2-1-65）。

【8拍】：收左腳向右腳併攏。同時，兩掌變拳，成預備勢（圖2-1-66）。

【要點】：上體擰轉下壓要到位，要挺胸立腰，振壓要有彈性；平仆腿要伸直，腳掌緊貼地面並內扣，屈蹲腿腳跟不能離地。

圖 2-1-67　　　　　　　圖 2-1-68

第四個 8 拍　右仆步壓腿

【1 拍】：左腿屈膝全蹲，右腳向右側邁出平仆，成右仆步，同時兩拳變掌叉腰。目視前方（圖 2-1-67）。

【2 拍】：上體向右擰轉並向下振壓，目視右腳方向（圖 2-1-68）。

【3 拍】：身體還原，目視前方（圖 2-1-69）。

【4 拍】：上體向右擰轉並向下振壓，目視右腳方向（圖 2-1-70）。

【5 拍】：身體還原，目視前方（圖 2-1-71）。

【6 拍】：上體向右擰轉並向下振壓，目視右腳方

圖 2-1-69

圖 2-1-70

圖 2-1-71

圖 2-1-72

向（圖 2-1-72）。

【7拍】：身體還原，目視前方（圖2-1-73）。

【8拍】：收右腳向左腳併攏。同時，兩掌變拳，成預備勢（圖2-1-74）。

【要點】：上體擰轉下壓要到位，要挺胸立腰，振壓要有彈性；平仆腿要伸直，腳掌緊貼地面並內扣，屈蹲腿腳跟不能離地。

圖2-1-73

圖2-1-74

圖 2–1–75

第四節　踢腿運動

第一個 8 拍　右正踢腿

【1 拍】：左腳向前上步，重心前移；右腳前腳掌撐地，腳跟提起，成右後點步。同時，兩拳變掌向兩側立掌推出，掌心朝外，臂與肩平。目視前方（圖 2–1–75）。

圖 2-1-76

　　【2拍】：兩掌不變，左腳支撐，右腳腳尖勾緊向前、向上擺踢。目視前方（圖 2-1-76）。

　　【3拍】：兩掌不變，右腳向起擺處回落，成右後點步。目視前方（圖 2-1-77）。

　　【4拍】：兩掌不變，左腳支撐，右腳腳尖勾緊向前、向上擺踢。目視前方（圖 2-1-78）。

圖 2-1-77

圖 2-1-78

圖 2-1-79

【5 拍】：兩掌不變，右腳向起擺處回落，成右後點步。目視前方（圖 2-1-79）。

【6 拍】：兩掌不變，左腳支撐，右腳腳尖勾緊向前、向上擺踢。目視前方（圖 2-1-80）。

【7 拍】：兩掌不變，右腳向起擺處回落，成右後點步。目視前方（圖 2-1-81）。

圖 2-1-80

圖 2-1-81

圖 2-1-82

【8拍】：收左腳向右腳併攏。同時，兩掌變拳，收抱於腰間，還原成預備勢（圖2-1-82）。

【要點】：身體保持正直，兩腿要伸直，支撐腿腳跟不能離地，擺踢腿腳尖勾緊。

第二個8拍　左正踢腿

【1拍】：右腳向前上步，重心前移；左腳前腳掌撐地，腳跟提起，成左後點步。同時，兩拳變掌向兩側立掌推出，掌心朝外，臂與肩平。目視前方（圖2-1-83）。

【2拍】：兩掌不變，右腳支撐，左腳腳尖勾緊向前、向上擺踢。目視前方（圖2-1-84）。

圖 2-1-83

圖 2-1-84

圖 2-1-85

【3拍】：兩掌不變，左腳向起擺處回落，成左
後點步。目視前方（圖 2-1-85）。

【4拍】：兩掌不變，右腳支撐，左腳腳尖勾緊
向前、向上擺踢。目視前方（圖 2-1-86）。

【5拍】：兩掌不變，左腳向起擺處回落，成左
後點步。目視前方（圖 2-1-87）。

圖 2-1-86

圖 2-1-87

圖 2-1-88

【6拍】：兩掌不變，右腳支撐，左腳腳尖勾緊向前、向上擺踢。目視前方（圖2-1-88）。

【7拍】：兩掌不變，左腳向起擺處回落，成左後點步。目視前方（圖2-1-89）。

【8拍】：收右腳向左腳併攏。同時，兩掌變拳，收抱於腰間，還原成預備勢（圖2-1-90）。

【要點】：身體保持正直，兩腿要伸直，支撐腿腳跟不能離地，擺踢腿腳尖勾緊。

第三個8拍　右側踢腿

【1拍】：左腳向右前方蓋步，腳尖外展，身體

圖 2-1-89

圖 2-1-90

圖 2-1-91

稍左轉，重心前移，右腳前腳掌撐地，腳跟提起成叉步。同時兩拳變掌向兩側推出。目視右掌方向（圖 2-1-91）。

【2拍】：左腳支撐，右腳腳尖勾緊經體側向頭部後側擺踢。同時，左掌經體側向上在頭部上方亮掌，掌心朝上；右臂屈肘，右掌平擺置於左肩前，掌指朝上，掌心朝左。目視前方（圖 2-1-92）。

【3拍】：右腳向起擺處回落成叉步。同時，左掌向體側擺落，右掌向右側方推掌成側平舉。目視右掌方向（圖 2-1-93）。

【4拍】：左腳支撐，右腳腳尖勾緊經體側向頭

圖 2-1-92

圖 2-1-93

圖 2-1-94

部後側擺踢。同時，左掌經體側向上在頭部上方亮
掌，掌心朝上；右臂屈肘，右手平擺置於左肩前，掌
指朝上，掌心朝左。目視前方（圖 2-1-94）。

【5 拍】：右腳向起擺處回落成叉步。同時，左
掌向體側擺落，右掌向右側方推掌成側平舉。目視右
掌方向（圖 2-1-95）。

【6 拍】：左腳支撐，右腳腳尖勾緊經體側向頭
部後側擺踢。同時，左掌經體側向頭部上方抖腕亮
掌，掌心朝上；右臂屈肘，右掌平擺置於左肩前，掌
指朝上，掌心朝左。目視前方（圖 2-1-96）

【7 拍】：左腳向起擺處回落成叉步。同時，左

圖 2-1-95

圖 2-1-96

圖 2-1-97

掌向體側擺落，右掌向右側方推掌成側平舉。目視右掌方向（圖 2-1-97）。

【8 拍】：收左腳向右腳內側併攏。同時，兩掌變拳收抱於腰間，還原成預備勢（圖 2-1-98）。

【要點】：身體保持正直，不能擰轉，兩腿要伸直，支撐腿腳跟不能離地，擺踢腿要勾腳尖。

第四個 8 拍　左側踢腿

【1 拍】：右腳向左前方蓋步，腳尖外展，身體稍右轉，重心前移，左腳前腳掌撐地，腳跟提起成叉步。同時兩拳變掌向兩側立掌推出。目視左掌方向（圖 2-1-99）。

圖 2-1-98

圖 2-1-99

圖 2-1-100

【2拍】：右腳支撐，左腳腳尖勾緊經體側向頭部後側擺踢。同時，右掌經體側向上在頭上方亮掌，掌心朝上；左臂屈肘，左掌平擺置於右肩前，掌指朝上，掌心朝右。目視前方（圖2-1-100）。

【3拍】：左腳向起擺處回落成叉步。同時，右掌向體側擺落，左掌向左側方推掌成側平舉。目視左掌方向（圖2-1-101）。

【4拍】：右腳支撐，左腳腳尖勾緊，經體側向頭部後側擺踢。同時，右掌經體側向頭上方抖腕亮掌，掌心朝上；左臂屈肘，左掌平擺置於右肩前，掌指朝上，掌心朝右。目視前方（圖2-1-102）。

【5拍】：左腳向起擺處回落成叉步。同時，右

圖 2-1-101

圖 2-1-102

圖 2-1-103

掌向體側擺落，左掌向左前方推掌成側平舉。目視左
掌方向（圖2-1-103）。

【6拍】：右腳支撐，左腳腳尖勾緊，經體側向
頭部後側擺踢。同時，右掌經體側向頭上方抖腕亮掌，
掌心斜朝前上；左臂屈肘，左掌平擺置於右肩前，掌指
朝上，掌心朝右。目視前方（圖2-1-104）。

【7拍】：左腳向起擺處回落成叉步。同時，右
掌向體側擺落，左掌向左前方推掌成側平舉。目視左
掌方向（圖2-1-105）。

【8拍】：收右腳向左腳內側併攏。同時，兩掌
變拳收抱於腰間，成併步直立（圖2-1-106）。

【要點】：身體要保持正直，不能擰轉，兩腿均不
能屈膝，支撐腿腳跟不能離地，擺踢腿腳尖要勾緊。

圖 2-1-104

圖 2-1-105

圖 2-1-106

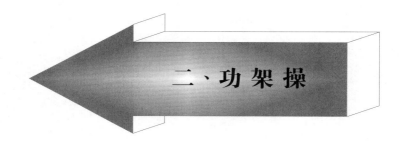

二、功架操

（一）功架操簡介

套路是武術運動的主要形式之一，也是武術文化承傳最主要的途徑之一，因而我們把「功架操」作為「功夫操」的主要組成部分。武術套路最講究的是一招一式的功力以及架式的準確和嚴謹，為此把這一部分命名為「功架操」。雖然它同「基礎操」部分一樣為四節，但內容豐富，節奏緊湊，因而它的運動量比「基礎操」有較大幅度的增加。此外，為了保持部分組合動作的連貫性和攻防特性，以及充分體現武術勇猛快速的攻防意識，有的一個節拍就需要完成兩個關聯的動作。練習功架操有助於提高練習者的快速反應能力和身體各部位密切配合的協調能力。

中華武術博大精深，門派林立，各領風騷，在編排「功架操」的內容時，我們盡可能地做到多元性和統一性的結合。功架操共有四個小節，在擬定每小節中心內容的同時對身法、眼法也提出了相應的要求。第一節以長拳的基本步型、手型、手法的練習為主；

第二節以進攻性和防守性的肘法為主；第三節以一般腿法和平衡動作為主；第四節以地方南拳和傳統技擊組合動作為主。為使初學者易於學習掌握，編排動作時盡可能的避繁就簡，同時根據運動節奏的變化以及輕、重、快、緩、動、靜、起、落、站、立、轉、折的動作變換來進行配樂，使這部分的音樂富有變化、充滿激情。

(二)功架操動作圖解

預備勢：

1.併步站立（圖 2-2-1）。

2.兩掌變拳，抱於腰間，拳心朝上。目視前方（圖 2-2-2）。

圖 2-2-1

圖 2-2-2

圖 2-2-3   圖 2-2-4

第一節

第一個 8 拍　上下翻打

【1拍】：左腳側出成開立步。同時，右拳變掌向右切掌，屈腕，高與腰齊，力達掌外沿，掌心斜朝下。目視右掌（圖 2-2-3）。

【1拍】：身體右轉，右腳腳尖外展 180°，左腳腳跟提起，兩腿屈膝全蹲，臀部緊貼左小腿成歇步。同時，左拳隨轉體向前平拳沖出，力達拳面；右掌變拳收抱於右腰間。目視左拳方向（圖 2-2-4）。

圖 2-2-5　　　　　　　　圖 2-2-6

　　【3拍】：身體左轉，右腳腳尖內扣，左腳跟著地，兩腿直起成開立步。同時，左拳變掌，收置右肩前，掌心朝右，掌指朝上；右拳隨轉體向右立拳沖出，力達拳面。目視右拳方向（圖 2-2-5）。

　　【4拍】：收左腳向右腳併攏。同時，左掌變拳，與右拳一起收抱於腰間，還原成預備勢（圖 2-2-6）。

圖 2-2-7　　　　　　　圖 2-2-8

　　【5 拍】：右腳側出成開立步。同時，左拳變掌
向左切掌，屈腕，高與腰齊，力達掌外沿，掌心斜朝
下。目視左掌方向（圖 2-2-7）。

　　【6 拍】：身體左轉，左腳腳尖外展 180°，右腳
腳跟提起，兩腿屈膝全蹲，臀部緊貼右小腿成歇步。
同時，右拳隨轉體向前平拳沖出，力達拳面；左掌變
拳收抱於左腰間。目視右拳方向（圖 2-2-8）。

　　【7 拍】：身體右轉，左腳腳尖內扣，右腳腳跟
著地，兩腿直起成開立步。同時，右拳變掌，收置左
肩前，掌心朝左，掌指朝上；左拳隨轉體向左立拳沖
出，力達拳面。目視左拳方向（圖 2-2-9）。

【8拍】：收右腳
向左腳併攏。同時，右
掌變拳，與左拳一起收
抱於腰間，還原成預備
勢（圖2-2-10）。

【要點】：開立步
步幅不宜過大；歇步時
兩腿交叉要靠攏，後腿
膝部貼緊前小腿外側，
挺胸、塌腰。

圖2-2-9

圖2-2-10

圖 2-2-11

第二個 8 拍　上下翻打

第二個 8 拍的動作與要點同第一個 8 拍。

第三個 8 拍　敲山震虎

【1 拍】：左腳側出一大步，腳尖朝向左前方，左腿屈膝；右腿蹬直成左弓步，上體向左側傾。同時，右拳由體側經前向左側上方弧形擺擊，拳眼朝下，力達拳背；左拳變掌由體側經左後向左側上方迎擊右拳，並抓握右腕，兩肘微屈。目視右拳（圖 2-2-11）。

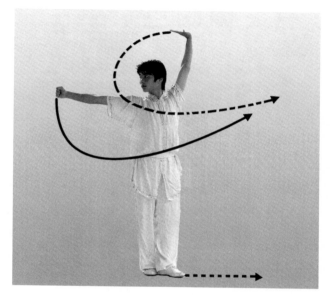

圖 2-2-12

【2拍】：身體重心右移，左腳蹬起向右腳併攏成併步。同時，右拳經上向右、向下弧形掄劈，臂與肩平，拳面向右，力達拳輪；左掌上舉至頭部左上方亮掌，掌心朝上，掌指朝右。目視右拳方向（圖2-2-12）。

圖 2-2-13

【3拍】：左腳側出，膝微屈，腳面繃平，腳尖虛點地；右腿屈蹲，大腿接近水平，成左虛步。同時，左掌向下、向右擺至右肩時變拳，與右拳一起經下向上、向左掄擺，右拳置於左肩前，左拳置於左前方，高與鼻齊，肘微屈，兩拳拳眼朝上。目視左拳方向（圖 2-2-13）。

【4拍】：收左腳向右腳併攏。同時兩拳收抱於腰間，還原成預備勢（圖 2-2-14）。

【5拍】：右腳側出一大步，腳尖朝向右前方，右腿屈膝；左腿蹬直成右弓步，上體向右側傾。同時，左拳由體側經前向右側上方弧形擺擊，拳眼朝下，力達拳背；右拳變掌由體側經右後向右側上方迎擊左拳，並抓握左腕，兩肘微屈。目視左拳（圖 2-2-15）。

圖 2-2-14

圖 2-2-15

圖 2-2-16

【6拍】：重心左移，右腳蹬起向左腳併攏成併步。同時，左拳經上向左、向下弧形掄劈，臂與肩平，拳面向左，力達拳輪；右掌上舉至頭部右上方亮掌，掌心朝上，掌指朝左。目視左拳方向（圖 2-2-16）。

【7拍】：右腳側出，膝微屈，腳面繃平，腳尖虛點地，左腿屈蹲，大腿接近水平，成右虛步。同時，右掌向下、向左擺至左肩時變拳，與左拳一起經下向上、向右掄擺，左拳置於右肩前，右拳置於右前方，高與鼻齊，肘微屈，兩拳拳眼朝上。目視右拳方向（圖 2-2-17）。

【8拍】：收右腳向左腳併攏。同時兩拳收抱於腰

圖 2-2-17　　　　　　圖 2-2-18

間，還原成預備勢（圖 2-2-18）。

　　【要點】：擺拳要與身體的側傾協調配合，抓握
腕部時拳面要突出；擺拳、劈拳動作幅度較大，需要
身法的配合來完成，要做到眼隨手動，手到眼到。

第四個 8 拍　敲山震虎

第四個 8 拍的動作與要點同第三個 8 拍。

第二節

第一個 8 拍　封肩砸肘

　　【1 拍】：左腳側出成開立步。同時，右拳變掌，

227

圖 2-19　　　　　　附圖 2-2-19

屈肘向左拍按左肩；左拳直臂向左後掄擊，成左後斜下舉，拳心朝左。頭左轉，頷微收。目視右掌背（圖2-2-19、附圖 2-2-19）。

　　【2 拍】：左腿屈膝提起，左腳在右腳內側猛力跺腳成併步屈蹲。同時，左臂向前上掄至頭上方時猛力屈肘下砸，力達肘尖；右掌不變。目視左前方（圖2-2-20）。

　　【3 拍】：左腳側出，兩腿屈膝成馬步。同時，左臂向左頂肘，高與肩平；右掌變拳收抱於右腰側。目視左前方（圖 2-2-21）。

圖 2-2-20

圖 2-2-21

【4拍】：收左腳向右腳併攏。同時，左拳收抱於左腰側，還原成預備勢（圖2-2-22）。

圖 2-2-22

圖 2-2-23　　　　　　　　附圖 2-2-23

【5拍】：右腳側出成開立步。同時，左拳變掌，屈肘向右拍按右肩；右拳直臂向後掄擊，成右後斜下舉，拳心朝右。頭右轉，頷微收。目視左掌背（圖2-2-23、附圖2-2-23）。

【6拍】：右腿屈膝提起，右腳在左腳內側猛力跺腳成併步屈蹲。同時，右臂向前上掄至頭上方時猛力屈肘下砸，力達肘尖；左掌不變。目視右前方（圖2-2-24）。

【7拍】：右腳側出，兩腿屈膝成馬步。同時，右臂向右頂肘，高與肩平；左掌變拳收抱於左腰側。目視右前方（圖2-2-25）。

圖 2-2-24

圖 2-2-25

【8 拍】：收右腳向
左腳併攏。同時右拳收抱
於右腰側，還原成預備勢
（圖 2-2-26）。

【要點】：用掌拍按
肩膀要有力，要有控制對
手手腕的意識；屈肘下砸
路線要垂直，乾脆迅猛；
頂肘與上步要同時完成。

圖 2-2-26

圖 2-2-27　　　　　　　圖 2-2-28

第二個 8 拍　封肩砸肘

第二個 8 拍的動作與要點同第一個 8 拍。

第三個 8 拍　張弓射虎

【1 拍】：左腳獨立支撐，右腿屈膝提起，膝高過腰，腳面繃平。同時，右拳向前、向上勾擊，拳面朝上，拳心朝內。目視右前方（圖 2-2-27）。

【2 拍】：左腿屈膝全蹲，右腿向右側平仆成右仆步。同時，右拳變掌收置左肩前，掌心朝左，掌指朝上。目視右側方（圖 2-2-28）。

圖 2-2-29

【3拍】：重心右移，上體向右擰轉，右腿屈膝，左腿挺膝蹬直成橫襠步。同時，右掌變拳收抱於右腰間；左拳隨轉體向前立拳沖出，高與肩平。目視左拳方向（圖2-2-29）。

【4拍】：收右腳向左腳併攏，同時左拳收抱於左腰間，還原成預備勢（圖2-2-30）。

圖 2-2-30

【5拍】：右腳獨立支撐，左腿屈膝提起，膝高過腰，腳面繃平。同時，左拳向前、向上勾擊，拳面朝上，拳心朝內。目視左前方（圖2-2-31）。

【6拍】：右腿屈膝全蹲，左腿向左側平仆成左仆步。同時，左拳變掌收置右肩前，掌心朝右，掌指朝上。目視左側方（圖2-2-32）。

圖2-2-31

圖2-2-32

圖 2-2-33

【7 拍】：重心左移，上體向左擰轉，左腿屈膝，右腿挺膝蹬直成橫襠步。同時，左掌變拳收抱於左腰間；右拳隨轉體向前立拳沖出，高與肩平。目視右拳方向（圖2-2-33）。

【8 拍】：收左腳向右腳併攏，同時右拳收抱於右腰間，還原成預備勢（圖2-2-34）。

圖 2-2-34

圖 2-2-35　　　　　　　　　　圖 2-2-36

【要點】：提膝轉換成仆步時，屈蹲與平仆要同時協調完成，腿側伸時腳掌要擦地平仆。

第四個 8 拍　張弓射虎

第四個 8 拍的動作與要點同第三個 8 拍。

(第三節)

第一個 8 拍　浪子踢球

【1 拍】：左腿向左前方斜上一步，重心前移。同時，左臂屈肘，左拳經前向左格擋，力達橈骨（圖 2-2-35）。

圖 2-2-37　　　　　　圖 2-2-38

　　上動不停，身體向左擰轉，右腳腳跟提起。同時，左拳收至腰側；右拳隨轉體向前平拳沖出，力達拳面，拳心朝下。目視右拳方向（圖 2-2-36）。

　　【2 拍】：左腳支撐；右腿屈膝提起向前彈踢，腳面繃平，力達腳尖，腿高過腰。同時，右拳收抱於右腰側，左拳向前平拳沖出（圖 2-2-37）。

　　上動不停，右腳向後回落，前腳掌著地，腳跟提起。同時，左拳收至左腰側，拳心朝上；右拳平拳向前沖出。目視前方（圖 2-2-38）。

圖 2-2-39

【3拍】：左腳支撐，右腳向上擺踢，腳面繃平。
同時，右拳收至右腰側，左拳變掌向前拍擊右腳面。
目視左前方（圖2-2-39）。

　　上動不停，右腳向後回落，前腳掌著地，腳跟提
起。同時，左拳收至腰側，拳心朝上；右拳平拳向前
沖出。目視左前方（圖2-2-40）。

【4拍】：身體右轉，左腳收至右腳內側成併步，
同時右拳收抱於腰側，還原成預備勢（圖2-2-41）。

【5拍】：右腳向右前方斜上一步，重心前移。同
時，右臂屈肘，右拳經前向右格擋，力達橈骨側（圖
2-2-42）。

圖 2-2-40 圖 2-2-41

圖 2-2-42

圖 2-2-43

　　上動不停，身體向右擰轉，左腳腳跟提起。同時，右拳收至腰側；左拳隨轉體向前平拳沖出，力達拳面，拳心朝下。目視左拳方向（圖 2-2-43）。

　　【6拍】：右腳支撐，左腿屈膝提起，向前彈踢，腳面繃平，力達腳尖，腿高過腰。同時，左拳收抱於左腰側，右拳向前平拳沖出（圖 2-2-44）。

　　上動不停，左腳向後回落，前腳掌著地，腳跟提起。同時，右拳收至右腰側，拳心朝上；左拳平拳向前沖出。目視前方（圖 2-2-45）。

　　【7拍】：右腳支撐，左腳向上擺踢，腳面繃平。同時，左拳收至左腰側，右拳變掌向前拍擊左腳面。目視前方（圖 2-2-46）。

圖 2-2-44　　　　　　　　　　圖 2-2-45

圖 2-2-46

圖 2-2-47　　　　　　　圖 2-2-48

　　上動不停，左腳向後回落，前腳掌著地，腳跟提起。同時，右拳收至右腰側，拳心朝上；左拳平拳向前沖出。目視前方（圖 2-2-47）。

　　【8 拍】：身體左轉，右腳收至左腳內側成併步，同時左拳收抱於腰側，還原成預備勢（圖 2-2-48）。

　　【要點】：腿的踢收要原起原落，前拍腳擊拍要準確，動作要乾脆有力，拍擊要響亮；彈踢時腳面繃平，力達腳尖，支撐腿要挺膝，立腰收髖，沖拳與踢腿要協調一致。

第二個 8 拍　浪子踢球

　　第二個 8 拍的動作與要點同第一個 8 拍。

圖 2-2-49

第三個 8 拍　大鵬展翅

【1 拍】：左腳經右腳前向右前方蓋步，右腳跟提起，兩腿微屈。同時，兩拳變掌，兩臂屈肘在胸前交叉成十字手，右掌在外，兩掌掌指朝上，掌心朝外。目視右前方（圖 2-2-49）。

【2 拍】：左腳獨立支撐，上體向左側略傾；右腿屈膝提起，腳尖勾緊，向右側上方猛力踹出，力達腳後跟。同時，右掌變勾手經右側向右後方弧形直臂勾起，勾尖斜朝上；左掌向左、向上在頭部左上方亮掌，肘微屈，掌指朝右，掌心斜朝前上方。目視右腳方向（圖 2-2-50）。

圖 2-2-50

【3拍】：右腳在右側落步，身體右轉，重心前移，左腳跟提起成左後點步。同時，左掌變拳，隨轉體向下經體側向前猛力抄打，力達拳面，肘微屈，拳面朝上；右勾手變掌，屈肘向前擊拍左前臂。目視前方（圖2-2-51）。

【4拍】：身體左轉，收右腳向左腳併攏。同時，右掌變拳，與左拳一起收抱於腰間，還原成預備勢（圖2-2-52）。

【5拍】：右腳經左腳前向左前方蓋步，左腳跟提起，兩腿微屈。同時，兩拳變掌，兩臂屈肘在胸前交叉成十字手，右掌在外，兩掌掌指朝上，掌心朝外。目視左前方（圖2-2-53）。

圖 2-2-51

圖 2-2-52

圖 2-2-53

圖 2-2-54

【6拍】：右腳獨立支撐，上體向右側略傾；左腿屈膝提起，腳尖勾緊，向左側上方猛力踹出，力達腳後跟。同時，左掌變勾手經左側向左後方弧形直臂勾起，勾尖斜朝上；右掌向右、向上在頭部右上方亮掌，肘微屈，掌指朝右，掌心斜朝前上方。目視左腳方向（圖 2-2-54）。

【7拍】：左腳在左側落步，身體左轉，重心前移，右腳跟提起成右後點步。同時，右掌變拳，隨轉體向下經體側向前猛力抄打，力達拳面，肘微屈，拳面朝上；左勾手變掌，屈肘向前擊拍右前臂。目視前方（圖 2-2-55）。

【8拍】：身體右轉，收左腳向右腳併攏。同時

圖 2-2-55　　　　　　　　圖 2-2-56

左掌變拳，與右拳一起收抱於腰間，還原成預備勢
（圖 2-2-56）。

【要點】：蹯腿時要屈伸明顯，身體側傾不宜過
大，要配合腿的蹬送，腿的屈提、亮掌勾手和蹬蹯要
上下相隨，協調一致，蹬蹯力點要清楚，勁力通透；
勾手反抄要直臂扣腕、沉肩。

第四個 8 拍　大鵬展翅

第四個 8 拍的動作與要點同第三個 8 拍。

第一個 8 拍　連環進擊

【1 拍】：左腳側出，腳尖朝向左前方，腳尖點地，腳跟提起。同時，左拳變掌，向左上方托起，掌心朝上，虎口張開，肘微屈，掌同額高。目視左掌（圖 2-2-57）。

上動不停，身體左轉，右腳腳尖內扣，重心在右腳，上體稍後仰。同時，右拳變掌，隨轉體向上托起，掌心朝上，虎口張開；左臂屈肘，左掌收至左肩前，與肩同高，掌心斜朝前，拇指一側朝下。目視右掌（圖 2-2-58）。

【2 拍】：身體右轉，左腳向前上半步，兩腿屈膝成半馬步。同時，左掌成虎爪向左前方猛力推出，臂與肩平，力達掌根；右掌變虎爪，屈肘收置左肩前，掌心均朝左。目視左側方（圖 2-2-59）。

圖 2-2-57

圖 2-2-58

圖 2-2-59

圖2-2-60

【3拍】：左腳向左前方上半步，右腿蹬直成左弓步。同時，右爪變掌，向前、向下按掌；左爪變拳，經下向內屈肘，並以肘關節為軸向左前方鞭擊，力達拳背，拳面斜朝前上；在左拳鞭擊時，右掌收置左腋下，掌指朝上，掌心朝外。目視左拳方向（圖2-2-60）。

【4拍】：收左腳成併步。同時，右掌變拳，與左拳一起收抱於腰側，成預備勢（圖2-2-61）。

【5拍】：右腳側出，腳尖朝向右前方，腳尖點地，腳跟提起。同時，右拳變掌，向右上方托起，掌心朝上，虎口張開，肘微屈，掌同額高。目視右掌（圖2-2-62）。

圖 2-2-61

圖 2-2-62

上動不停，身體右轉，左腳腳尖內扣，重心在左腳，上體稍後仰。同時，左拳變掌，隨轉體向上托起，掌心朝上，虎口張開；右臂屈肘，左掌收至右肩前，與肩同高，掌心斜朝前，拇指一側朝下。目視左掌（圖 2-2-63）。

圖 6-2-63

圖 2-2-64

【6拍】：身體左轉，右腳向前上半步，兩腿屈膝成半馬步。同時，右掌成虎爪向右前方猛力推出，臂與肩平，力達掌根；左掌變虎爪，屈肘收置右肩前，掌心均朝右。目視右前方（圖2-2-64）。

【7拍】：右腳向右前方上半步，左腿蹬直成右弓步。同時，左爪變掌，向前、向下按掌；右爪變拳，經下向內屈肘，並以肘關節為軸向右前方鞭擊，力達拳背，拳面斜朝前上；在右拳鞭擊時，左掌收置右腋下，掌指朝上，掌心朝外。目視右拳方向（圖2-2-65）。

圖2-2-65

【8拍】：收右腳成併步。同時，左掌變拳，與右拳一起收抱於腰側，成預備勢（圖2-2-66）。

【要點】：左右托掌要連貫協調，按掌與鞭擊要迅猛，要有連環進擊的效果。動作的轉接需要身法閃、展、吞、吐的配合。

圖2-2-66

圖 2-2-67

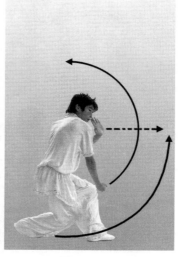
圖 2-2-68

第二個 8 拍　連環進擊

第二個 8 拍的動作與要點同第一個 8 拍。

第三個 8 拍　一錘定音

【1 拍】：左腳側出成開立步。同時，左拳擺經右肩前，前臂內旋向上、向左掄劈至左側平舉，拳眼朝上，力達前臂尺骨側。目視左拳（圖 2-2-67）。

上動不停，身體向左擰轉，左腳腳尖外展，左腿屈膝半蹲；右腿屈膝，前腳掌蹬撐地面，腳跟提起成拗步。同時，右拳直臂隨轉體側擺經上向左前方成立圓劈擊至襠前，力達前臂尺骨側，拳眼朝前，拳面朝

圖 2-2-69

下；左拳變掌，屈肘向右肩回擺成立掌，掌心朝右，掌指朝上。目視前方（圖 2-2-68）。

【2 拍】：上體向右擰轉，左腿屈膝支撐；右腿屈膝前提，腳尖勾起，猛力向前蹬踢，力達腳跟，腿高過膝。同時，右拳以肩為軸，隨轉體向前直臂撩擊至頭部右側上方，力達橈骨側，拳面朝上，拳心朝左；左掌變拳向前立拳直擊，臂與肩平，力達拳面，拳眼朝上。目視左拳方向（圖 2-2-69）。

圖 2-2-70

【3拍】：右腳向後回落蹬直，左腿屈蹲成左弓步。同時，右臂伸直外旋向後弧形掄擺，經體右側向前抄擊，高與鼻齊，力達拳面，拳面斜朝上。拳心朝內；左拳變掌，左臂屈肘內收擊拍右前臂。目視前方（圖 2-2-70）。

【4拍】：身體右轉 90°，收左腳向右腳併攏。同時，左掌變拳，與右拳一起收抱於腰側，還原成預備勢（圖 2-2-71）。

【5拍】：右腳側出成開立步。同時，右拳擺經左肩前，前臂內旋向上、向右掄劈至右側平舉，拳眼朝上，力達前臂尺骨側。目視右拳（圖 2-2-72）。

　　上動不停，身體向右擰轉，右腳腳尖外展，右腿

圖 2-2-71

圖 2-2-72

屈膝半蹲；左腿屈膝，前腳掌蹬撐地面，腳跟提起成拗步。同時，左拳直臂隨轉體側擺經上向右前方成立圓劈擊至襠前，力達前臂尺骨側，拳眼朝前，拳面朝下；右拳變掌，屈肘向左肩回擺成立掌，掌心朝左，掌指朝上。目視前方（圖 2-2-73）。

圖 2-2-73

圖 2-2-74

【6拍】：上體向左擰轉，右腿屈膝支撐；左腿屈膝前提，腳尖勾起，猛力向前蹬踢，力達腳跟，腿高過膝。同時，左拳以肩為軸，隨轉體向前直臂撩擊至頭部左側上方，力達橈骨側，拳面朝上，拳心朝右；右掌變拳向前立拳直擊，臂與肩平，力達拳面，拳眼朝上。目視右拳方向（圖 2-2-74）。

【7拍】：左腳向後回落蹬直，右腿屈蹲成右弓步。同時，左臂伸直外旋向後弧形掄擺，經體左側向前抄擊，高與鼻齊，力達拳面，拳面斜朝上，拳心朝內；右拳變掌，右臂屈肘內收擊拍左前臂。目視前方（圖 2-2-75）。

圖 2-2-75

【8 拍】：身體左轉 90°，收右腳向左腳併攏。同時，右掌變拳，與左拳一起收抱於腰側，還原成預備勢（圖 2-2-76）。

【要點】：左右掄劈要快速、連貫，要與上體的擰轉協調配合，以加大掄劈力度；劈、撩、抄拳均需鬆肩順轉。

圖 2-2-76

第四個 8 拍　一錘定音

第四個 8 拍的動作與要點同第三個 8 拍，唯第 8 拍還原成併步直立。

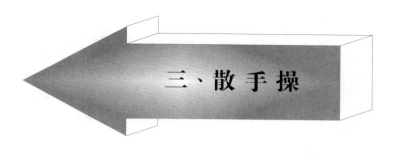

三、散手操

（一）散手操簡介

攻防是武術文化的核心要素，是武術區別於其他運動項目的特性之所在。武術散手鮮明地體現了武術的尚武精神，反映了習武者勇敢拼搏、不屈不撓、機智善變、自愛自強的精神境界，它是武術運動不可缺少的一個重要組成部分。因此，我們把「散手操」單列為一個部分進行編排。

在這短短的四個 8 拍中要想全面體現散手的技術內容是不可能的，但「散手操」中的拳法、步法和腿法也可反映散手運動的一斑。

在前兩個 8 拍中我們把散手的格鬥式、滑步、勾、格、彈拳作為基本內容，在後兩個 8 拍中我們則安排了散手的腿、踩踢等腿部運動作為基本內容，再配以鏗鏘有力的音樂來增強散手運動的搏擊氣氛，以及激發練習者的鬥志。

圖 2-3-1　　　　　　　圖 2-3-2

(二)散手操動作圖解

預備勢：

1.併步站立（圖 2-3-1）。

2.兩掌變拳，抱於腰間，拳心朝上。目視前方
（圖 2-3-2）。

第一個 8 拍　勾格彈拳

【1 拍】：左腳向左前方上步，腳尖稍內扣，膝
微屈；右腳前腳掌蹬撐，腳跟離地，膝微屈，腳尖稍

圖 2-3-3　　　　　　　　　圖 2-3-4

內扣，髖稍內斂。身體微向左前傾，左肩在前，沉肩、含胸、下頜內收，左腮微側偏左肩。同時，兩臂自然彎曲，兩拳抬起，左拳在前置於左眼前方，肘下垂，拳心斜朝右下方；右拳置於下頜前，拳心斜朝左下方，肘下垂。目視左拳方向（圖 2-3-3）。

　　【2拍】：左腳向前上步，右腳蹬地跟進，身體向左擰轉。同時，右拳稍下擺，隨即屈臂向左上方勾擊，與頜同高，拳面朝上，拳心朝內，力達拳面；左拳外格，墜肘護於左肩處。目視右拳（圖 2-3-4）。

圖 2-3-5   圖 2-3-6

　　上動不停，身體向右擰轉。同時，左臂彎曲，左拳經左側向右前弧形平擊，力達拳面，高與鼻齊，拳心朝下，拳面斜朝右；右拳收至右肩處。目視左拳方向（圖 2-3-5）。

　　【3 拍】：右腳提起向後撤步，右腿屈膝半蹲；左腳緊隨右腳用力蹬地後撤，左腿屈膝，前腳掌在右腳內側點地，身體稍向右擰轉。同時，左臂屈肘，左拳向下、向外弧形格擊，力達前臂尺骨側；右臂屈肘，右拳上掛置於左肩前，肘尖下墜。目視左前方（圖 2-3-6）。

圖 2-3-7　　　　　　　　圖 2-3-8

　　上動不停，左腳向前縱步，右腳蹬地跟進，成格
鬥式步型。同時，左拳向前伸臂彈擊，力達拳背，高
與眼齊，拳心斜朝下。目視左拳方向（圖 2-3-7）。

　　【4 拍】：收左腳向右腳併攏，同時兩拳收抱於
腰側成預備勢（圖 2-3-8）。

圖 2-3-9　　　　　　　圖 2-3-10

　　【5拍】：右腳向右前方上步，腳尖稍內扣，膝微屈；左腳前腳掌蹬撐，腳跟離地，膝微屈，腳尖稍內扣，髖稍內斂。身體微向右前傾，右肩在前，沉肩、含胸、下頜內收，右腮微側偏右肩。同時，兩臂自然彎曲，兩拳抬起，右拳在前置於右眼前方，肘下垂，拳心斜朝左下方；左拳置於下頜前，拳心斜朝右下方，肘下垂。目視右拳方向（圖2-3-9）。

　　【6拍】：右腳向前上步，左腳蹬地跟進，身體向右擰轉。同時，左拳稍下擺，隨即屈臂向右上方勾擊，與頜同高，拳面朝上，拳心朝內，力達拳面；右拳外格，墜肘護於右肩處。目視左拳（圖2-3-10）。

圖 2-3-11

圖 2-3-12

　　上動不停，身體向左擰轉。同時，右臂彎曲，右拳經右側向左前弧形平擊，力達拳面，高與鼻齊，拳心朝下，拳面斜朝左；左拳收至左肩處。目視右拳方向（圖 2-3-11）。

　　【7 拍】：左腳提起向後撤步，左腿屈膝半蹲；右腳緊隨左腳用力蹬地後撤，右腿屈膝，前腳掌在左腳內側點地，身體稍向左擰轉。同時，右臂屈肘，右拳向下、向外弧形格擊，力達前臂尺骨側；左臂屈肘，左拳上掛置於右肩前，肘尖下墜。目視右前方（圖 2-3-12）。

圖 2-3-13　　　　　　　圖 2-3-14

　　上動不停，右腳向前縱步，左腳蹬地跟進，成格
鬥式步型。同時，右拳向前伸臂彈擊，力達拳背，高
與眼齊，拳心斜朝下。目視右拳方向（圖 2-3-13）。

　　【8拍】：收右腳向左腳併攏，同時兩拳收抱於
腰側成預備勢（圖 2-3-14）。

　　【要點】：平勾拳與上勾拳都要上下相隨，協調
配合，並充分運用擰腰、催肩的輔助作用；後撤與躲
閃格擋、前縱與彈擊進攻均要快速敏捷；彈拳要冷、
脆、遠，出擊、回收要快速。

圖 2-3-15

第二個 8 拍　勾格彈拳

第二個 8 拍的動作與要點同第一個 8 拍。

第三個 8 拍　踹腿踩踢

【1 拍】：左腳側出，腳尖斜朝左前方，上體微向左轉。同時，左臂由屈到伸，左拳向左前方橫擊，力達拳背，高與鼻齊，拳眼朝上；右臂屈肘，右拳上掛至左肩前，肘尖下墜。目視左拳方向（圖 2-3-15）。

圖 2-3-16

【2拍】：重心移至右腳，右腿稍屈支撐；左腿屈膝提起，勾腳尖，展髖挺膝猛力向左上方踹擊，高與胸平，力達腳跟。同時，左拳以肘關節為支點，前臂內旋向下弧形格擊，置於左腿外側，力達尺骨側，拳心朝後，拳面朝下；右拳不變。目視左腳方向（圖2-3-16）。

【3拍】：左腳向起腿處回落，膝微屈，並獨立支撐；右腿屈膝提起，勾腳尖，向前方踩擊，高不過膝，力達腳跟。同時，左拳上掛收置左肩前，拳面朝上；右拳不變。目視前方（圖2-3-17）。

圖 2-3-17

圖 2-3-18

【4拍】：右腳向起腿處回落，隨即左腳向右腳併攏成併步，同時兩拳收抱於腰間成預備勢（圖 2-3-18）。

【5拍】：右腳側出，腳尖斜朝右前方，上體微向右轉。同時，右臂由屈到伸，右拳向右前方橫擊，力達拳背，高與鼻齊，拳眼朝上；左臂屈肘，左拳上掛至右肩前，肘尖下墜。目視右拳方向（圖 2-3-19）。

【6拍】：重心移至左腳，左腿稍屈支撐；右腿屈膝提起，勾腳尖，展髖挺膝猛力向右上方踹擊，高與胸平，力達腳跟。同時，右拳以肘關節為支點，前臂內旋向下弧形格擊，置於右腿外側，拳心朝後，拳面斜朝下；左拳不變。目視右腳方向（圖 2-3-20）。

圖 2-3-19

圖 2-3-20

圖 2-3-21　　　　　　　圖 2-3-22

【7 拍】：右腳向起腿處回落，膝微屈，並獨立支撐；左腿屈膝提起，勾腳尖，向前方踩擊，高不過膝，力達腳跟。同時，右拳上掛收置左肩前，拳面朝上；左拳不變。目視前方（圖 2-3-21）。

【8 拍】：左腳向起腿處回落，隨即右腳向左腳併攏成併步，同時兩拳收抱於腰間成預備勢（圖 2-3-22）。

【要點】：踹腿時身體要側傾展髖，要與支撐腿的蹬轉協調配合；踩腿屈伸要清晰、到位，乾脆俐索。

第四個 8 拍　　踹腿踩踢

第四個 8 拍的動作與要點同第三個 8 拍，唯第 8 拍還原成併步直立。

四、功 法 操

(一)功法操簡介

功法操綜合了太極拳和南少林拳術五行相生氣功的運動方法和功法理念。太極拳是一種重要的健身與預防疾病的手段，它以連貫圓柔見長和以延年祛病的功效譽滿世界，太極拳放鬆舒適的運動特點，能使肌體因激烈運動產生的緊張狀態得到整理放鬆，使亢奮激昂的情緒得到有效抑制，趨向平和自然；南少林拳術五行相生氣功的功法理念是以深吸長納、氣沉丹田、因形調氣的氣息調理方法為主，它也能使激烈運動所產生的呼吸急迫和心跳加速狀態得到緩解。

為了更好地配合功法操圓活連貫、舒適緩慢的運動特點，我們取消口令，用輕鬆柔美的韻律來引領功法操的動作，使音樂與形體動作相互交融、渾然一體。音律構築起的高山流水、和風細雨、平湖秋月、鶯歌燕舞等意境，既能渲染功法操精神集中、意識引導的寧靜氛圍，又能拓展想像和思維的空間。

圖 2-4-1

（二）功法操動作圖解

1. 預備勢

兩腳併攏，自然直立，下頜微內收，胸腹放鬆，肩臂垂，兩手貼於大腿外側（圖 2-4-1）。

圖 2-4-2　　　　　　　　圖 2-4-3

2. 蒼穹無垠

（1）兩膝微屈。同時，兩臂屈肘，兩掌向胸前合攏，掌背相貼，掌心朝向兩側，掌指朝上。目視兩掌（圖 2-4-2）。

上動不停，兩腿緩緩直起，腳跟隨之緩慢提起。同時，兩掌經面前向上鑽出至頭部前上方，肘微屈，掌心斜朝裡。目視兩掌（圖 2-4-3）。

上動不停，身體重心下沉，兩腳跟著地。同時，兩臂內旋，兩掌慢慢翻轉向左右兩側撐圓，兩掌指相

圖 2-4-4

對，掌心斜前上。目視
上方（圖 2-4-4）。

上動不停，兩腿緩
緩屈膝半蹲。同時，兩
掌經兩側擺落至膝上方
成環抱狀，掌心朝上，
掌指相對。目視兩掌
（圖 2-4-5）。

圖 2-4-5

圖 2-4-6　　　　　　　　圖 2-4-7

（2）重心稍起。同時，兩臂屈肘，兩掌向胸前合攏，掌背相貼，掌心朝向兩側，掌指朝上。目視兩掌（圖 2-4-6）。

上動不停，兩腿緩緩直起，腳跟隨之緩緩提起。同時，兩掌經面前向上鑽出至頭部前上方，肘微屈，掌心斜朝裡。目視兩掌（圖 2-4-7）。

上動不停，身體重心下沉，兩腳跟著地。同時，兩臂內旋，兩掌慢慢翻轉向左右兩側撐圓，兩掌指相對，掌心斜朝前上。目視上方（圖 2-4-8）。

圖 2-4-8

　　上動不停，兩腿緩
緩屈膝半蹲。同時，兩
掌經兩側擺落至膝上方
成環抱狀，掌心朝上，
掌指相對。目視兩掌
（圖2-4-9）。

圖 2-4-9

圖 2-4-10　　　　　　　圖 2-4-11

（3）重心稍起。同時，兩臂屈肘，兩掌向胸前合攏，掌背相貼，掌心朝向兩側，掌指朝上。目視兩掌（圖 2-4-10）。

上動不停，兩腿緩緩直起，腳跟隨之緩慢提起。同時，兩掌經面前向上鑽出至頭部前上方，肘微屈，掌心斜朝裡。目視兩掌（圖 2-4-11）。

上動不停，身體重心下沉，兩腳跟著地。同時，兩臂內旋，兩掌慢慢翻轉向左右兩側撐圓，兩掌指相對，掌心斜前上。目視上方（圖 2-4-12）。

圖 2-4-12

上動不停，兩腿緩
緩屈膝半蹲。同時，兩
掌經兩側擺落至膝上方
成環抱狀，掌心朝上，
掌指相對。目視兩掌
（圖2-4-13）。

圖 2-4-13

圖 2-4-14　　　　　　圖 2-4-15

　　（4）重心稍起。同時，兩臂屈肘，兩掌向胸前合
攏，掌背相貼，掌心朝向兩側，掌指朝上。目視兩掌
（圖 2-4-14）。

　　上動不停，兩腿緩緩直起，腳跟隨之緩慢提起。
同時，兩掌經面前向上鑽出至頭部前上方，肘微屈，
掌心斜朝裡。目視兩掌（圖 2-4-15）。

　　上動不停，身體重心下沉，兩腳跟著地。同時，
兩臂內旋，兩掌慢慢翻轉向左右兩側撐圓，兩掌指相
對，掌心斜前上。目視上方（圖 2-4-16）。

圖 2-4-16

上動不停，兩腿緩
緩屈膝半蹲。同時，兩
掌經兩側擺落至膝上方
成環抱狀，掌心朝上，
掌指相對。目視兩掌
（圖 2-4-17）。

圖 2-4-17

圖 2-4-18

3. 胸含乾坤

（1）接上式，兩肘內收，兩掌掌心朝上，向前平伸，臂與肩同高。目視前方（圖 2-4-18）。

上動不停，重心緩緩上升。同時，兩掌緩緩自然回收經腰間向後側伸出成斜下舉，掌心斜朝前下方（圖 2-4-19）。

上動不停，兩腿緩緩直起。同時，兩掌向前、向上成側平舉，掌心朝前（圖 2-4-20）。

圖 2-4-19

圖 2-4-20

 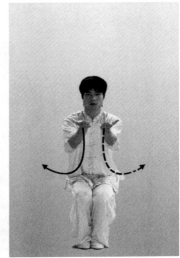

圖 2-4-21　　　　　　圖 2-4-22

　　上動不停，重心緩慢下沉，兩腿緩緩屈蹲。同時，兩掌向體前合抱，掌心相對。目視前方（圖 2-4-21）。

　　（2）兩臂外旋，肘微屈，掌心朝上。目視前方（圖 2-4-22）。

　　上動不停，重心緩慢上升。同時，兩掌緩緩回收經腰間向後側伸出成斜下舉，掌心斜朝前。目視前方（圖 2-4-23）。

　　上動不停，兩腿緩緩直起。同時，兩掌向前、向上成側平舉，掌心朝前。目視前方（圖 2-4-24）。

圖 2-4-23

圖 2-4-24

 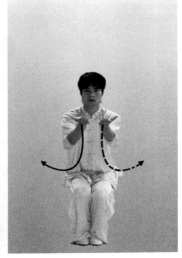

圖 2-4-25　　　　　　圖 2-4-26

　　上動不停，兩腿緩緩屈蹲。同時，兩掌向體前合
抱，掌心相對，掌指自然內屈，臂與肩平。目視兩掌
（圖 2-4-25）。

　　（3）兩臂外旋，肘微屈，掌心朝上。目視前方
（圖 2-4-26）。

　　上動不停，重心緩緩上升。同時，兩掌緩緩回收
經腰間向後側伸出成斜下舉，掌心斜朝前。目視前方
（圖 2-4-27）。

　　上動不停，兩腿緩緩直起。同時，兩掌向前、向
上成側平舉，掌心朝前。目視前方（圖 2-4-28）。

圖 2-4-27

圖 2-4-28

圖 2-4-29　　　　　　　圖 2-4-30

　　上動不停，兩腿緩緩屈蹲。同時，兩掌向體前合抱，掌心相對，掌指自然內屈，臂與肩平。目視兩掌（圖 2-4-29）。

　　（4）兩臂外旋，肘微屈，掌心朝上。目視前方（圖 2-4-30）。

　　上動不停，重心緩緩上升。同時，兩掌緩緩回收經腰間向後側伸出成斜下舉，掌心斜朝前。目視前方（圖 2-4-31）。

　　上動不停，兩腿緩緩直起。同時，兩掌向前、向上成側平舉，掌心朝前。目視前方（圖 2-4-32）。

圖 2-4-31

圖 2-4-32

圖 2-4-33

　　上動不停，兩腿緩緩屈蹲。同時，兩掌向體前合抱，掌心相對，掌指自然內屈，臂與肩平。目視兩掌（圖 2-4-33）。

4. 入定參禪

　　（1）接上式，兩臂外旋，肘微屈，掌心朝上。目視前方（圖 2-4-34）。

　　上動不停，兩腿緩緩直起。同時，兩掌回收至腰間經兩側向上托起，略高於肩，掌心朝上。目視前方（圖 2-4-35）。

圖 2-4-34

圖 2-4-35

圖 2-4-36　　　　　　　　圖 2-4-37

　　上動不停，兩掌上舉至頭上方成十字交叉，右掌
置於左掌前，兩掌心朝後（圖 2-4-36）。

　　右腿屈膝半蹲，左腳提起，屈膝盤架於右膝上
方。同時，兩前臂內旋，掌心朝下經面前緩緩下落至
腹前時向兩側分開，向外撐圓，虎口相對，掌心斜朝
下。目視前方（圖 2-4-37）。

　　（2）左腳回落，兩腿屈膝半蹲。同時，兩掌隨臂
外旋收經腰間向前平伸，掌心朝上。目視前方（圖 2-
4-38）。

　　上動不停，兩腿緩緩直起。同時，兩掌回收至腰
間經兩側向上托起，略高於肩，掌心朝上。目視前方
（圖 2-4-39）。

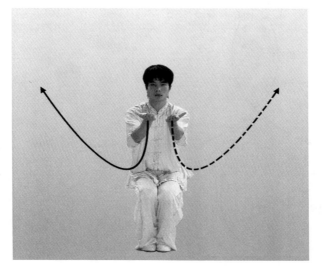

圖 2-4-38

圖 2-4-39

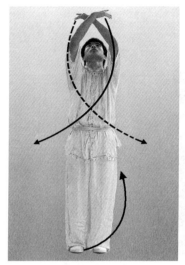

圖2-4-40　　　　　　　圖2-4-41

　　上動不停，兩掌上舉至頭上方成十字交叉，右掌
置於左掌前，兩掌心朝後（圖2-4-40）。

　　左腿屈膝半蹲，右腳提起，屈膝盤架於左膝上
方。同時，兩前臂內旋，掌心朝下經面前緩緩下落至
腹前時向兩側分開，向外撐圓，虎口相對，掌心斜朝
下。目視前方（圖2-4-41）。

　　（3）右腳回落，兩腿屈膝半蹲。同時，兩掌隨臂
外旋收經腰間向前平伸，掌心朝上。目視前方（圖2-
4-42）。

　　上動不停，兩腿緩緩直起。同時，兩掌回收至腰
間經兩側向上托起，略高於肩，掌心朝上。目視前方
（圖2-4-43）。

圖 2-4-42

圖 2-4-43

圖 2-4-44　　　　　　　　圖 2-4-45

　　上動不停，兩掌上舉至頭上方成十字交叉，右掌置於左掌前，兩掌心朝後（圖 2-4-44）。

　　右腿屈膝半蹲，左腳提起，屈膝盤架於右膝上方。同時，兩前臂內旋，掌心朝下經面前緩緩下落至腹前時向兩側分開，向外撐圓，虎口相對，掌心斜朝下。目視前方（圖 2-4-45）。

　　（4）左腳回落，兩腿屈膝半蹲。同時，兩掌隨臂外旋收經腰間向前平伸，掌心朝上。目視前方（圖 2-4-46）。

　　上動不停，兩腿緩緩直起。同時，兩掌回收至腰間經兩側向上托起，略高於肩，掌心朝上。目視前方（圖 2-4-47）。

圖 2-4-46

圖 2-4-47

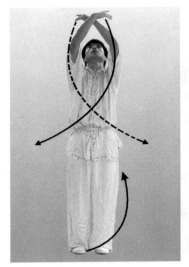 

圖 2-4-48　　　　　　　圖 2-4-49

　　上動不停，兩掌上舉至頭上方成十字交叉，右掌
置於左掌前，兩掌心朝後（圖 2-4-48）。

　　左腿屈膝半蹲，右腳提起，屈膝盤架於左膝上
方。同時，兩前臂內旋，掌心朝下經面前緩緩下落至
腹前時向兩側分開，向外撐圓，虎口相對，掌心斜朝
下。目視前方（圖 2-4-49）。

圖 2-4-50

5. 收 勢

右腳回落，兩腳自然直立，同時，兩掌自然內收貼於大腿外側（圖 2-4-50）。

【要點】：功法操宜緩慢輕柔、聚精凝神。要正確運用呼吸的提、托、聚、沉做相應的動作轉換，呼吸宜深吸長呼。動作伸展時四肢百骸俱張，宜納天地之氣，故而以吸為主，提、托相輔；動作內收時鬆肩垂肘、含胸裹腹，故而以吐為主，聚、沉相輔，從而使精、氣、神、形兼容並蓄，達到更好的健身效果。

導引養生功 系列叢書

張廣德養生著作

每冊定價 350 元

全系列為彩色圖解附教學光碟